Norbert Huppertz

Der Lebensbezogene Ansatz im Kindergarten

Norbert Huppertz

Der Lebensbezogene
Ansatz im Kindergarten

Umschlaggestaltung: Dietmar Prill, Freiburg
Titelbild: Albert Josef Schmidt, Freiburg
Fotos im Innenteil: Norbert Huppertz
Satz: Monika Huppertz, Oberried

Inhalt

Vorwort

Der Lebensbezogene Ansatz ist ein Bildungsansatz. Im Zentrum dieser Pädagogik steht das Leben des Kindes, und zwar bezogen auf alles Leben in der Welt. Die Erzieherin ist in Sorge um das gelingende Leben ihrer Kinder und trägt dafür Verantwortung.

Zunächst wird an konkreten Beispielen gezeigt, was Lebensbezogener Ansatz meint und wie er entstanden ist. Dann stelle ich das Bild des Kindes und dessen Bedürfnislage (was es wirklich braucht) dar, sowie Leitsätze für die praktische Arbeit. Es folgen Orientierungswerte für die Erzieherin; ihre Erziehungs- und Bildungsziele, mit denen sie die tägliche Arbeit strukturiert.

Der dritte Teil bezieht sich auf die Methodik des Lebensbezogenen Ansatzes: Bildungsprojekte, Aktivitätsangebote, pädagogisch begleitetes Spiel usw. Mag auch die Erzieherin als Person im Leben des Kindes neben den Eltern die wichtigste Rolle spielen, so müssen wir doch auch den Blick auf die Bedeutung der Räume, und zwar die Innen- und Außenräume, richten: Wie soll ein lebensbezogenes Außengelände gestaltet sein? Wie die Innenräume?

In der lebensbezogenen Arbeit verstehen wir uns immer als Teil eines Ganzen: Wir sehen uns vernetzt, z.B. in der Elternarbeit, besonders aber auch in der Zusammenarbeit mit der Schule. Dafür wird jeweils eine konkrete Methodik vorgestellt (Teil 4).

Der Lebensbezogene Ansatz wurde während der vergangenen Jahre in zahlreichen Einrichtungen erprobt und mehrfach evaluiert. U.a. die Diskussion nach PISA sowie die Debatte um die Qualitätsentwicklung, allen voran aber die Bildungsfrage in der Elementarpädagogik, haben die hier vertretene Pädagogik in ihrer Richtigkeit bestätigt. Der Herder-Verlag veröffentlichte den Lebensbezogenen Ansatz bereits in meinem Buch "Erleben und Bilden" (Freiburg 1992). Den Tausenden Lesern und Erzieherinnen, die danach gearbeitet haben, sage ich Dank. Das hier vorgelegte Büchlein kann den Lebensbezogenen Ansatz evtl. noch besser verdeutlichen, z.B. durch Projektarbeit, Außenräume etc.

In den vergangenen Jahrzehnten konnte ich meine Vorstellungen, besonders die des Lebensbezogenen Ansatzes, mit zahlreichen

Personen, vor allem auch mit Erzieherinnen in der Praxis, bedenken und diskutieren. Dafür habe ich mich bei allen zu bedanken. Ein besonderer Dank gilt meiner Frau, Dipl.-Päd. Monika Huppertz, die in allen Phasen der Entwicklung des Konzeptes Lebensbezogener Ansatz unverzichtbare Anregungen gegeben hat.

Freiburg i. Br. September 2007   Norbert Huppertz

1. Zum Verständnis des Lebensbezogenen Ansatzes

Wie der Lebensbezogene Ansatz im Kindergarten zu verstehen und umzusetzen ist, lässt sich am besten durch konkrete Beispiele zeigen – also direkt lebensbezogen und praktisch. Wir werden einsteigen über die drei Verfahren, in denen sich zeigt, wie lebensbezogen gearbeitet wird. Die wichtigsten lebensbezogenen Methoden sind: Projekt, Angebot und Freispiel.

1.1 Exemplarische Beispiele

„Eine wunderschöne Wiese" – Das Projektbeispiel

In den Teamsitzungen sammeln die Erzieherinnen Ideen und Material, um das Thema „Wiese" mit den Kindern interessant und erfahrungsreich zu gestalten. „Einstieg" ist ein ausgedehnter Spaziergang, bei dem die Kinder eine Wiese erleben und u. a. mit der Lupe durchforschen. Sie entdecken: Ameisen, Käfer, einen Regenwurm, der Löcher in die Erde bohrt, Maulwurfshügel, Mauslöcher, Schmetterlinge, Bienen, winzige Tiere und Pflanzen, bekannte und unbekannte Blumen, Spuren und Abdrücke in der Erde etc. Junge Löwenzahnblätter und andere Pflanzen werden gepflückt.

Im Kindergarten legen die Kinder zusammen mit den Erzieherinnen ein Herbarium an. Anhand von Sachbüchern werden die Pflanzen sortiert und benannt. Die Kinder bringen noch mehr „Anschauungsmaterial" mit, z. B. von der eigenen Wiese zu Hause oder vom Spielplatz. So entsteht eine umfassende Sammlung, die interessant ist wie ein Bilderbuch.

Aus dem Löwenzahn bereiten einige Kinder einen Salat für alle zu. Auf die Idee waren sie selber gekommen. Viele sind begeistert, etwas zu essen, das nicht gekauft und auch nicht im Garten gewachsen ist. Da wird auch der etwas bittere Geschmack in Kauf genommen.

Es wird eine Experimentierecke angelegt. Blumenerde, Balkonkästen, Schaufeln und Gießkannen stehen bereit. Samen werden in den Boden gelegt, Pflanzen gesetzt und von den Kindern gepflegt. Ein Mikroskop vervollständigt das Material.

Ihre vielfältigen Eindrücke und Erfahrungen können die Kinder auch weiterhin auf unterschiedliche Weise vertiefen. Sie schneiden, reißen und falten Blumen und gestalten an den Wänden eine Wiese mit allerhand Tieren. Dabei verwenden sie verschiedene Materialien (Karton, Seidenpapier, Tonpapier, Uhu, Kleister, etc.).

Mit Wasser- und Fingerfarben werden Bilder gemalt und im Gang ausgestellt. Jedes Kind bemalt einen Blumentopf und nimmt eine selbstgezogene Pflanze mit nach Hause.

Weiter wird das Thema durch Lieder, Gedichte, Fingerspiele, Rätsel, Geschichten und Märchen bereichert. In der Bücherecke liegen Bilder- und Sachbücher bereit. Das Summen und Zierpsen, das Streichen des Windes über die Grashalme und Wiesenblumen (kurz: das Leben in der Wiese), das die Kinder beobachten, geben den Anstoß, eine eigene Wiesengeschichte zu machen und auf Instrumenten zu vertonen. Das Ganze wird von viel Spiel und Bewegung der Kinder begleitet.

Die Eltern werden durch Elternbriefe und Aushänge über das Thema informiert. Anhand von Liederzetteln und Literaturhinweisen können sie die Arbeit im Kindergarten mitverfolgen und evtl. sogar zu Hause fortsetzen und vertiefen. Den Höhepunkt und Abschluss dieses Themas bildet eine Wanderung mit Picknick, gemeinsam mit Eltern und Kindern. (aus N. Huppertz / E. Schinzler, Grundfragen der Pädagogik, Köln 1998, 10. Aufl., S. 343 ff, Kapitel XIV: Kindergarten- und Vorschulpädagogik)

Immer wenn Erzieherinnen dieses exemplarische Beispiel hören, leuchtet ihnen unmittelbar ein, dass das „lebensbezogen" ist. Warum?

- Der Inhalt: die Wiese "ist" Leben; denn „es lebt" gleichsam in ihr. Sie verkörpert Natur bis in alle Einzelheiten usw.

10

- Die Methode: die Kinder „er-leben" die Natur, an der sie sich bilden sollen. Nicht verbale Vermittlung, z.B. über Gespräche oder Abbildungen, sondern die Begegnung mit dem Natürlichen vor Ort. (Prinzip: Draußen vor drinnen. – Originarität, statt medialer Vermittlung usw.)

- Die Kinder: Sie sind aktiv. Jedes von ihnen kann sich so ansprechen lassen, wie es zu ihm passt („seine Wahrnehmungs-kanäle" – Individualisieren). Sie hantieren und werden kreativ. Sie bringen etwas hervor usw.

- Die Erzieherinnen: Sie nehmen ihren Bildungsauftrag wahr, indem sie: - offen planen und vorläufig entscheiden (den Kindern also genügend Raum lassen, ohne selbst in Passivität zu erstarren); - individualisieren und differenzieren (jedem Kind seine Chancen geben); - aktiv sind, bei zeitweiliger Zurückhaltung; usw.

Die Kinder lernen so, die Natur zu kennen, zu lieben und schließlich zu schützen. Sie wird ihnen wert-voll.

Ein Märchen aus Afrika – Das Aktivitätsangebot

Die Erzieherin hat in ihrer Gruppe das Thema „Afrika" als Bildungsinhalt ausgewählt und macht dazu ein Bilderbuchangebot. Dabei hat sie sich für das afrikanische Märchen „Das Lied der bunten Vögel" entschieden. Das kann ihr motivationaler Einstieg in ein Projekt zu diesem Thema sein, es kann aber auch für sich stehen als Aktivitätsangebot. Sie zeigt den Kindern zunächst das „schöne Bilderbuch" und macht sie auf die afrikanischen Namen der Autoren aufmerksam: Kobua Anan und Omari Amonde.

In diesem Märchen geht es um fünf Vögel und einen Bauern, Urwälder, riesengroße Wälder etc. Hier ein wörtlicher Teil daraus:

„Weil jeder der fünf Vögel nur eine Farbe hatte und nur ein sehr kurzes Lied singen konnte, hatten sie sich zusammengetan. Mittags, wenn die Sonne ganz von oben zwischen den Blättern der

Urwaldbäume herniederschien, flogen sie gemeinsam zu der großen Lichtung der Menschen.

Sie flogen dorthin, wo ein Bauer seine Felder, Gärten und in der Mitte seinen Bauernhof hatte. Jeden Mittag tanzten die fünf Vögel vor dem Haus des Bauern.

Sie drehten sich lustig im Kreis und schlugen mit den Flügeln auf und ab. Ihre Füßchen trippelten auf dem Boden, hin und wieder sprangen sie in die Luft. Der weiße, der blaue, der rote, der gelbe und der grüne Vogel - alle tanzten sie im Kreise herum und sahen so herrlich bunt aus. Während sie tanzten, sangen sie ihr Lied.

Da nun alle nacheinander ihre Strophe trällerten und gleichzeitig dazu tanzten, war es köstlich, diesem Treiben zuzusehen und zuzuhören. Jeden Tag, an dem die fünf Vögel tanzten und sangen, trat der Bauer aus seinem Haus, freute sich und rief: „Da seid ihr ja wieder, meine lieben Vögel! So herrlich bunt seht ihr aus, und ihr singt ja so wunderschön." Er streute ihnen reichlich Futter hin. So hatten alle fünf Vögel jeden Tag zu essen, und es ging ihnen sehr gut.

Eines Morgens aber, die Sonne ging gerade auf, und die fünf Vögel erwachten in ihren fünf Bäumen, da hatten sie alle, ohne es voneinander zu wissen, den gleichen Gedanken. Jeder überlegte: „Wenn ich alleine zu dem Bauern fliege, vor ihm singe und tanze, so bekomme ich das ganze Futter für mich und brauche es nicht mit den anderen zu teilen ..."

Alle fünf Vögel waren habgierig und egoistisch geworden. Jeder freute sich heimlich bei dem Gedanken, von nun an jeden Tag zu dem Bauern zu fliegen und das ganze Futter für sich alleine fressen zu können.

Der Bauer trat vor die Tür. Als er aber den weißen Vogel so vor sich hin hüpfen und sein klägliches Lied singen sah, da rief er: „Was ist denn los? Warum hüpfst du hier herum und machst ein albernes Gepiepse?" Der Bauer streute nicht ein einziges Korn; im Gegenteil, er scheuchte den weißen Vogel in den Wald zurück. Genauso erging es den anderen habgierigen und egoistischen Vögeln.

Am nächsten Morgen, die Sonne war kaum aufgegangen, erwachten die Vögel in ihren Bäumen. Jeder schaute sich um, doch sie wagten es nicht, sich in die Augen zu schauen. Da fasste der weiße Vogel Mut und begann: „Gestern bin ich alleine zu dem Bauern geflogen, denn ich wollte das gute Futter für mich haben. Aber der Bauer wurde wütend und hat mich weggescheucht." Nun erzählten sie sich, wie es ihnen ergangen war, und schließlich sagte der grüne Vogel: „Ja, es ist nicht gut, nur an sich selbst zu denken. Wenn wir zusammen hingehen und unsere Lieder vortragen, wird sich der Bauer sicher wieder freuen und uns füttern."

Als die Sonne wieder hoch am Himmel stand, da flogen die fünf Vögel, wie früher, gemeinsam zur großen Lichtung der Menschen. Vor dem Haus des Bauern führten sie ihren lustigen Tanz auf.

Der gemeinsame Tanz der fünf Vögel bot einen herrlichen, bunten Anblick, und der Gesang klang melodiös und lieblich. Da trat der Bauer höchsterfreut aus seinem Haus und rief: „Da seid ihr ja wieder, meine lieben Vögel! So herrlich bunt seht ihr aus, und ihr singt so schön. Wie ich euch gestern vermisst habe. Wo seid ihr nur gewesen? Stellt Euch vor: Da kam morgens ein weißer Piepser, später ein blauer Krachmacher, mittags kam ein roter Schreihals, am Nachmittag ein gelber Ruhestörer und am Abend noch ein grüner Krächzer. Aber auf euch habe ich den ganzen Tag umsonst gewartet. Warum habt ihr mich gestern nicht mit eurem Gesang und eurem Tanz erfreut? – Oh, wie glücklich bin ich, dass ihr wieder zu mir gekommen seid!" Er streute ihnen viel gutes Futter hin. Alle fünf Vögel wurden satt, und es ging ihnen wieder sehr gut."

(aus: Anan, Kobna; Amonde, Omari: Das Lied der bunten Vögel, Licorne-Verlag, Langenau 2002)

Im Lebensbezogenen Ansatz befassen wir uns nicht nur damit, was gleichsam vor der Tür der Kinder liegt. Eine lebensbezogene Sicht bezieht immer auch das „Andere" und ferner Liegende mit ein. Nur so kann eine Erziehung und Bildung zum Weltbürger – das ist das oberste Erziehungs- und Bildungsziel im Lebensbezogenen Ansatz – gelingen.

In diesem Beispiel geschieht das darüber, dass den Kindern ein wertvolles Kulturgut aus einem anderen Land vorgestellt wird, ein afrikanisches Märchen. Dadurch erweitern sie zum einen ihren geografischen Horizont, vor allem aber erfahren sie, dass es in Afrika nicht nur Hunger, Katastrophen und wilde Tiere gibt, sondern auch spannende und wichtige Geschichten.

Solche Erfahrungen gehören in die früheste Kindheit – also auch in den Kindergarten. Weltbürgertum, d.h. kein Rassismus und keine Fremdenfeindlichkeit, sondern die Einstellung: Der Andere ist genauso gut und hat die gleichen Rechte, wie ich – das muss von Anfang an gelebt und erfahren werden. Sonst ist es zu spät.

Für den weiteren Verlauf eines Projektes Afrika können wir uns zahlreiche lebensbezogene Elemente vorstellen. Das hier gezeigte Bilderbuchangebot kann aber, wie gesagt, auch für sich gesehen werden, ohne dass es Teil eines Projektes wird. Bildungsthemen vermitteln wir über Projekte wie auch über gezielte Angebote.

An dieser Stelle sollte gezeigt werden, dass der Lebensbezogene Ansatz ferne Themen in die Nähe der Kinder holt, damit sie sich daran weltbürgerlich bilden können. Sie werden auf diese Weise das Andere und Fremde nicht nur kennen lernen, sondern auch achten und schätzen. Dies ist eine Voraussetzung dafür, dass keine unliebsamen Vorurteile entstehen, stattdessen die Grundlagen einer weltbürgerlichen Bildung gelegt werden.

Wir könnten an weiteren Beispielen die Lebensbezogenheit unseres Ansatzes praktisch aufzeigen. Selbstverständlich sind Projekte und didaktische Angebote nicht die einzigen Bildungselemente im Lebensbezogenen Ansatz: Auch der Alltag, wo die Erzieherin den Kindern oft ganz allein begegnen kann, bietet zahlreiche Bildungschancen – vor allem auch für eine lebensbezogene Sprachbildung. Das freie Spiel der Kinder und damit verbunden besonders das didaktisch begleitete soziale Rollenspiel soll hier noch betont werden (vgl. dazu 3.4).

Doch nun zunächst zu einer theoretischen Reflexion über die Frage: „Warum und inwiefern lebensbezogen?"

1.2 Was heißt „Lebensbezogener Ansatz"?

Die bislang in der Kindergartenpädagogik diskutierten Positionen und „Ansätze" tragen ihre Namen aus verschiedenen Gründen; manche nach den Namen ihrer „Erfinder", z.B. Montessori-Pädagogik, andere nach dem Ort ihrer Anwendung, z.B. Reggio-Pädagogik (Reggio-Emilia ist eine Stadt in Oberitalien); manche sind aber auch danach benannt, was bei ihnen – pädagogisch gesehen – am wichtigsten ist, anders gesagt: Was das Wesentliche ausmacht, z.B. beim Disziplin-, Funktions- oder Situationsansatz. Der Name steht dabei für das, was den Ausschlag gibt beim Finden der Themen und Inhalte für die tägliche Arbeit mit den Kindern und für das, woran sich die Erzieherin orientieren soll. Beim disziplinorientierten Ansatz sind das die wissenschaftlichen Disziplinen (z.B. die Biologie, die Physik), beim Funktionsansatz sind es die Funktionen des Kindes (z.B. Denken, Sprechen) und beim Situationsansatz ist es die Situation, und zwar meistens die problematische und prekäre (z.B. eine Beschwerde aus der Nachbarschaft, weil der Kindergarten zu laut ist; Kinder und Erzieher erkranken, weil vergiftete Holzschutzmittel verwendet worden sind; im Kindergarten ist über Pfingsten eingebrochen worden usw.). Derlei Gegebenheiten sollen dann nach diesen Ansätzen die Inhalte und Themen der pädagogischen Arbeit mit den Kindern ausmachen, und nicht etwa das, was die Erzieherin selber als wichtige Themen und Inhalte für die Bildung der Kinder ansieht. Im Lebensbezogenen Ansatz ist das anders. Hier spielt die Erzieherin eine besonders wichtige Rolle, indem sie „das Leben" jedes einzelnen Kindes im Auge hat und ihre Arbeit darauf „bezieht": Lebensbezogen.

Was ist nun unter dem Begriff „lebensbezogen" in diesem pädagogischen Ansatz zu verstehen?

(1) Leben als Wert

Leben in seiner ganzen Bedeutung und in seiner ganzen Vielfalt ist in dieser Pädagogik der alles überragende und bestimmende Gesichtspunkt. Es geht nicht allein um das gelingende Leben des uns anvertrauten einzelnen Kindes, sondern um das Leben aller und um das Leben von allem. Leben ist ein Wert, dessen Gültigkeit von ihm selber her einleuchtet. Ein Recht auf Leben haben alle Lebewesen. Das Leben des Einzelnen kann nicht für sich allein gesehen werden.

(2) Er-leben

Die zentrale Methode unseres Ansatzes ist das Er-leben, im Gegensatz zu einseitiger Belehrung oder mediatisierter Aneignung. Ein Märchen, persönlich von der Erzieherin erzählt, hat dabei einen größeren Wert, als wenn es von der „Platte", also aus zweiter Hand, kommt. Er-leben meint hier, der Originarität in jedweder Hinsicht den Vorrang zu geben. Das auf der eigenen Blockflöte den Kindern vorgespielte Lied ist besser, als wenn es auf Knopfdruck ertönt. (Wenn ich sage „besser", dann meine ich nicht, dass jedes Medium zu verteufeln ist.)

(2) Gemeinsam leben

Ein lebensbezogener Kindergarten ist für alle Beteiligten etwas Eigentliches, d.h. Bedeutsames für ihr Leben. Sie gehen dort nicht so eben „mal vorbei", sondern es ist für sie eine Stätte des wertvollen Lebens; denn dort kann alles mitgeteilt und geteilt werden: Freude und Heiterkeit, aber auch Trauer und Trübsinn; die Sonnen-, aber auch die Schattenseiten des Lebens. Dieser Kindergarten ist keine sterile Anstalt, sondern ein Haus voller Leben. Dort darf man herzlich lachen, schätzt jedoch auch die meditative Stille. Das ist kein Tobekindergarten, wenngleich Dynamik und Bewegung hochgeschätzt werden. Es geht um das für alle erfreuliche, natürliche und kultivierte, gemeinschaftliche sinnvolle Leben.

(4) Schule als Leben

Der Lebensbezogene Ansatz ist eine schulfreundliche Position, allerdings dadurch nicht ein „verschulter Kindergarten", wie die negative Formulierung manchmal lautet, und auch nicht bei allem und jedem auf Schule schielend. Die Schule ist jedoch ein so wichtiger Teil im Leben eines Menschen, dass keine Bildungseinrichtung daran vorbeischauen kann. Erst recht nicht die direkt vor der Schule liegende Bildungseinrichtung. Der Lebensbezogene Ansatz und der danach arbeitende Kindergarten hat per se sein eigenes Profil, und zwar bedingt durch Inhalte und Methoden, Erzieher, Räume und Außengelände, so dass wir uns mit eigener Identität gegenüber der Schule mit ihren Lehrplänen und Verfahren eigenständig verstehen können. Weil Schule Leben ist und unsere Pädagogik auf dieses Leben u.a. gezielt vorbereitet, sollte die Beziehung zwischen Schule und Kindergarten nicht nur entspannt, sondern integrativ gesehen werden. Beide schauen aufeinander und leben miteinander. Beide können viel voneinander lernen.

(5) Leben mit Behinderung

Im Lebensbezogenen Ansatz hat auch das Leben mit Defizit seinen Platz. Es wird davon ausgegangen, dass alles Leben irgendwie auch Defizit hat und dass wir oft auch gar nicht wissen, ob etwas ein Defizit ist oder sein muss. Kann nicht alles auch sein Gutes haben? Kinder mit Behinderungen werden, wo immer es geht und für ihr gelingendes Leben sinnvoll ist, in Regeleinrichtungen integriert. Wie Leben mit ihnen gemeinsam für alle glücken kann, dafür haben wir genügend Belege. Auch in dieser Hinsicht hat sich der Lebensbezogene Ansatz, selbstverständlich bei der entsprechenden Personal- und Raumausstattung, bewährt. Auf die Einstellung zum Leben - auch in seiner angeblichen Unvollkommenheit – kommt es an. Fehlerlosigkeit gehört nicht zu unserem Lebensbegriff, jedenfalls nicht als Prinzip.

(6) Leben der Gesellschaft

Ein Lebensbezogener Ansatz muss selbstverständlich das reale gesellschaftliche Leben mit im Blick haben, mag er auch als werte-orientierte Pädagogik sich nicht im strengen Sinne daran „orientieren". Dass es eine normative Kraft des Faktischen gibt, dass also veränderte Normen in der Realität des gesellschaftlichen Lebens das Werte-Bewusstsein – und dann auch die an den Werten orientierten pädagogischen Zielsetzungen - verändert, liegt auf der Hand.

Das reale Leben in der Gesellschaft, z.B. veränderte Kindheit, veränderte Familienformen, spielen in unserer Pädagogik oft eine maßgebliche Rolle – möglicherweise allerdings auch, um entsprechend gegenzusteuern. Die Gesellschaft mag etwa bestehende Werte noch so sehr vernachlässigen, z.B. Treue und Zuverlässigkeit, sie behalten dennoch ihre Gültigkeit.

(7) Vergangenes Leben

Leben ist nicht zu verstehen ohne den rückwärts gewandten Blick, ohne den Blick auf Geschichte und Tradition. Damit verbindet und stellt sich eine pädagogische Bildungsaufgabe, der wir uns nicht entziehen dürfen. Ohne Fest und Feier, z.B. als sichtbar werdende Tradition, ist menschliches Leben in qualitätsvoller Weise nicht denkbar. Auf wertvolle Traditionen haben unsere Kinder einen Anspruch und ein Recht.

(8) Überleben

Niemand kann und wird mehr bezweifeln, in welch eklatanter Weise unsere Umwelt und Erde, damit verbunden auch der Friede unter den Menschen, gefährdet sind. Durch ökologische Katastrophen sowie Waffenarsenale und Kriege ist das Überleben der Menschheit gefährdet. Friede, Eine-Welt und Natur sind deshalb die großen Themen des Lebensbezogenen Ansatzes.

(9) Weiterleben

Der hier vertretene Ansatz führt auch deshalb den Namen Lebensbezogener Ansatz, weil in diesem Bildungskonzept u.a. auch Fragen des Weiterlebens nach dem Tod, je nach Glaubensposition, mit bedacht werden können.

(10) Realitätsnähe

Der Lebensbezogene Ansatz wird von mir auch deshalb so genannt, weil diese Pädagogik sich nah an der Wirklichkeit unserer Erzieherinnen und Kindereinrichtungen befindet, d.h.: Die hier vertretene Werte- und Bildungsposition wird von den allermeisten in der Praxis Tätigen vertreten. Manche praktizieren die lebensbezogene Pädagogik auch unter anderem Namen.

Alle hier angeführten Punkte müssen in engster Verknüpfung mit „dem Leben" gesehen werden. Deshalb verdient diese didaktische Position den Namen „Lebensbezogener Ansatz".

1.3. Zur Entstehung des Lebensbezogenen Ansatzes

Wer in meinem wissenschaftlichen Schrifttum von nunmehr über 30 Jahren Forschung blättert, kann feststellen, wann und wie sich bei mir die Position des Lebensbezogenen Ansatzes entwickelt hat. Nach gründlichem und scharfem Nachdenken über den Situationsbegriff und den Situationsansatz, wurde mir bald klar, dass so keine umfassende und fundierte pädagogische Arbeit, vor allem nicht eine solche, die auch den Bildungsauftrag ernst nimmt, möglich ist. Aus Situationen lassen sich, wenn man theoretisch und konzeptionell zu Ende denkt, keine Bildungsthemen ableiten – jedenfalls nicht prinzipiell, sondern dazu bedarf es der an Werten für das Leben orientierten pädagogischen Ziele (Erziehungs- und Bildungsziele). Die wissenschaftliche Unzulänglichkeit der vorhandenen didaktischen Ansätze im Kindergartenbereich, insbesondere des Situationsansatzes, waren aber nicht allein der Grund meiner Unzufriedenheit, sondern die fehlende Umsetzung in der Praxis – im Leben. Meine zahlreichen Einzelerfahrungen und Gespräche mit Erzieherinnen belegten mir: Alle sprechen vom Situationsansatz, keiner tut ihn – und kaum jemand kennt ihn genau. Außerdem: Eine Mitte der 80er Jahre von mir durchgeführte Wirklichkeitsstudie in ca. 350 Kindergärten belegte: Situationsansatz ist ein hehres Wort – ein Theorem ohne praktische Umsetzung. (Zu diesem Problem vgl. auch Zimmer u.a. 1997 sowie Wolf u.a. 1999)

„Situation" bedeutet (fast) immer: Prekarität und Problematik. Ich habe Hunderte von Menschen Sätze mit dem Wort „Situation" aufschreiben lassen. Fast alle bringen mit „Situation" etwas Prekäres in Verbindung, z.B. „Das war eine unangenehme Situation" o.ä. Das Wort Situation ist vom Wesen der Sache her nicht auf die positive und erfreuliche Seite des Lebens ausgerichtet, und genau deshalb kann es und das, worum es in einer Kleinkindpädagogik gehen muss, nicht den Grund und die Basis bilden. Es muss viel mehr um ein "Leben" gehen, das an den Werten eines gelingenden Lebens des einzelnen Kindes sowie der Menschen überhaupt orientiert ist. Solche Werte sind vor allem Natur, Frieden und Eine-Welt. Leben für alle!

Ein Grund für die Weiterentwicklung des Lebensbezogenen Ansatzes war auch der große Anklang, den diese Didaktik in der Praxis und in der Ausbildung erfahren hat: Mein Buch „Erleben und Bilden im Kindergarten" hatte fünf Auflagen, zahlreiche Kindergärten arbeiten nach dem Lebensbezogenen Ansatz, er wurde in einem Landesmodellprojekt erprobt und evaluiert, tägliche Anfragen nach weiteren Informationen. Weil der Lebensbezogene Ansatz ein kindorientiertes Bildungskonzept enthält, ist vor allem in der Zeit nach PISA die Nachfrage nach dieser Pädagogik besonders groß.

2. Die theoretische Basis des Lebensbezogenen Ansatzes

2.1 Das Bild vom Kind

Der Lebensbezogene Ansatz versteht sich als eine Didaktik. Das Wort „Didaktik" stammt aus dem Griechischen, und zwar von didaskein, das heißt so viel wie „lehren". Der Lebensbezogene Ansatz ist ein Bildungsansatz - allerdings ein auf das Leben des Kindes bezogener. Eine solche Position läuft Gefahr missverstanden zu werden, indem ein falsches Bild des Kindes angenommen bzw. unterstellt wird. Deshalb erfolgt hier die anthropologische Klärung. „Lehren" von Erzieherseite und „Lernen" auf der Kindseite müssen feinfühlig und harmonisch aufeinander abgestimmt sein – ebenfalls müssen sie zu den Inhalten und Methoden des „Lehrens" und „Lernens" stimmig sein. Dabei spielt das Bild des Kindes die ausschlaggebende Rolle.

Was ist gemeint?
Das Wort „Bild" verwenden wir dauernd, und zwar im wörtlichen, oft aber auch im übertragenen Sinne. So sprechen wir z. B. vom „Bild an der Wand" und meinen damit das von jemand gemalte konkrete Bild. Andererseits kennen wir aber auch das Bild als Vorstellung, wenn wir z. B. sagen, dass wir „von etwas ein Bild haben", was dann im beschreibenden, nicht wertenden Sinne gemeint ist. Weiter verwenden wir aber den Bildbegriff auch im normativen Sinne, wenn wir z. B. in der Pädagogik vom „Menschenbild" sprechen und damit zum Ausdruck bringen wollen, wie der „von uns" „gebildete" und „erzogene" Mensch werden bzw. am Ende des Erziehungs- und Bildungsvorgangs sein „soll". So etwa können wir auch die Frage nach dem „Bild vom Kind" sehen.

Drei Fragen sind im Zusammenhang mit „Bild vom Kind in der Pädagogik" von Bedeutung:

- Was ist ein Kind bzw. was ist es nicht? (Damit ist der generelle phänomenologische Standpunkt gemeint.)

- Was braucht ein Kind? (Damit ist die grundsätzliche Bedürfnisfrage gemeint.)

- Wie soll ein Kind sein und was soll aus ihm werden? (Damit ist der normative und zukunftsbezogene Aspekt gemeint.)

Was das Kind ist – was Kindheit ist

Eigentlich und im strengen Sinne ist diese Frage nicht zu beantworten, jedenfalls nicht vollständig, und zwar deshalb, weil jeder, der diese Frage beantworten möchte, selber kein Kind mehr ist. Allerdings können wir uns bemühen, in empathischer Weise – also tief einfühlend – und mit phänomenologischer Anstrengung – also in dem Bemühen im Ablassen von allem unserem Gegenwärtigen (unseren Theorien) -, dass wir die Position eines Kindes einnehmen. Dann würden wir – als Kind – wohl sagen:

- Ich bin kein Jugendlicher.
- Ich bin kein Erwachsener – auch kein kleiner Erwachsener.
- Ich bin kein Tier, das es zu dressieren gilt.
- Ich bin kein Wesen, das es zu bändigen gilt.

D.h., Kindheit ist im Leben des Menschen nicht etwas Uneigentliches, das möglichst rasch erledigt werden sollte, um dann in das „eigentliche" Stadium zu gelangen, also nicht Durchgangsstadium, sondern Kindheit hat ihre ureigene Bedeutung in sich: sie ist „eigentlich". In dieser Kindheit lebt das Kind, und zwar von Anfang an – nicht erst ab der vorschulischen und mittleren Kindheit.

Das Kind ist Person, und das bedeutet – als Geist-Leib-Seele-begabtes Wesen: Es ist Individuum – einmalig und unverwechselbar (unaustauschbar) mit einem anderen. (In-dividuum heißt wörtlich: ungeteilt.) Das Kind ist aber auch Sozialwesen, d. h. auf andere hin angelegt und angewiesen.

Man kann Kindheit beschreiben von dem her, was ein Kind „schon" alles hat, und zwar tatsächlich (sichtbar und brauchbar „schon alles hat") – aber auch von daher, was das Kind der Möglichkeit nach „überhaupt" alles hat (was aber aktuell noch verborgen erscheint). Es muss jedoch auch klar gesehen werden, was das Kind braucht, damit das bei ihm potenziell Vorhandene aktualisiert und realisiert wird.

So ist das Kind sozialisationsbedürftig, aber – und das ist nun die Stärke – auch sozialisationsfähig. Es kann (!) einwandfrei sprechen lernen und sozial werden usw. Zunächst wäre es, allein und auf sich gestellt, lebensunfähig, aber: zunehmend ab dem Säuglingsalter wird das Kind eigenständig.

Was das Kind braucht, darauf hat es ein Recht

Das Kind hat Rechte, und zwar von Anfang an, z. B. das Recht auf Leben – allerdings auf ein gelingendes Leben; dazu gehört „Erziehung". Jeder junge Mensch hat ein Recht auf Förderung seiner Entwicklung und auf Erziehung zu einer eigenverantwortlichen und gemeinschaftsfähigen Persönlichkeit (KJHG § 1,1). Entsprechend hat die Gesellschaft die Pflicht, die Kinderrechte einzulösen.

Es besteht die Pflicht, die folgenden Kinderrechte einzulösen, und zwar deshalb, weil es sich um echte Bedürfnisse handelt, d. h. das Kind braucht dieses wirklich, und weil die Bedürfnisse tatsächlich einlösbar sind:

- Kinder, insbesondere junge Kinder, bedürfen der menschlichen *Zuwendung* – normalerweise zunächst durch die Eltern (pädagogischer Bezug; Urvertrauen; Hospitalismus; etc.) – Darauf haben sie Anspruch und Recht.

- Sie bedürfen der *sozialen Einbindung* in eine stabile und überschaubare Gruppe, mit dem Alter zunehmend auch in eine Gruppe von Gleichaltrigen. – Darauf haben sie Anspruch und Recht.

- Kinder bedürfen in angemessener Weise der anregenden *Bildung* durch Sachgegenstände und Themen, und zwar auch schon ab der ersten Lebenszeit. – Darauf haben sie Anspruch und Recht.

- Jedes Kind braucht orientierende Führung – *Erziehung* -, damit sich z. B. sein Gewissen bilden kann und es zur Selbständigkeit gelangt. – Darauf hat es Anspruch und Recht.

- Kinder haben das Bedürfnis nach *Anerkennung*, und zwar ihrer selbst und ihrer Leistungen. Dazu gehört die erforderliche Haltung von Erzieherseite. – Darauf haben sie Anspruch und Recht.

- Kinder müssen „*etwas bewegen können*", - im wörtlichen wie auch im übertragenen Sinne, z. B. müssen sie unbedingt in einem gewissen Rahmen Einfluss haben und Dinge in ihrem Sinne (um-)gestalten können. – Darauf haben sie Anspruch und Recht.

- Das Kind braucht genügend *Raum und Zeit*. – Darauf hat es Anspruch und Recht.

- Kinder brauchen *Essen, Trinken, Wärme und gute Luft*. – Darauf haben sie Anspruch und Recht.

Und noch einmal: Kindheit hat ihren eigenen Wert und ist nicht in jeder Hinsicht etwas Defizitäres, das möglichst rasch zu beseitigen ist, sondern: Jedes Kind ist so viel Person wie ein Erwachsener – nur in einem anderen Lebenszeitraum.

Damit ist nichts über die rechtliche Unmündigkeit von Kindern und Jugendlichen gesagt. Das ist lediglich ein Rechtsaspekt, der an sich überhaupt keine Bedeutung hätte und überflüssig wäre, wenn die Menschen das täten, z. B. gegenüber Kindern, und ihnen das angedeihen ließen, worauf sie sowieso einen Anspruch und ein Recht haben.

Das einzelne Kind

Ein anderer, ergänzender und wichtiger Aspekt ergibt sich, wenn wir unseren Blick zunächst auf das einzelne Kind als solches – und dann in seiner jeweiligen Befindlichkeit – richten.

So hat das Kind z. B. sein persönliches Alter sowie sein Geschlecht: Es ist Mädchen oder Junge. Es kommt aus seiner (jeweiligen) Familie bzw. Familienkonstellation mit seinen (!) Eltern, Großeltern, Geschwistern; aus seinem sozialen Milieu (elterliche Berufe, Einkommen, usw.). Das Kind gehört seiner (!) Nation an (oder mehreren), seinem Land, seiner Region, seinem (!) Dorf bzw. seiner Stadt usw..

Ebenfalls verfügt das einzelne Kind über seine (!) Gesundheit (Krankheit), Behinderung, Begabung (für...); es verfügt über seinen

Entwicklungsstand (weit, „normal", retardiert). Das Kind hat seine Entwicklung in der Sprache, der Motorik, der Leistungsmotivation, usw..

Außerdem muss der Blick gelenkt werden auf das, was ich als die Befindlichkeit des Kindes bezeichnen möchte. Dazu gehört z. B. die Gestimmtheit. Dabei müssen wir unterscheiden zwischen der grundlegenden und der aktuellen Befindlichkeit.

Man spricht von der Grundstimmung eines Menschen, z. B. wenn gesagt wird, jemand habe (oder „sei") „ein fröhliches Gemüt" o. ä.. So gibt es auch das Kind, das tendenziell eher unzufrieden ist und „immer alles haben möchte" oder „immer noch mehr möchte". Zu dieser allgemeinen Befindlichkeit gehören aber auch die durchgängige Leistungsfähigkeit, Robustheit, o. ä..Die aktuelle (oder man kann auch sagen "situative") Befindlichkeit eines Kindes wird u. a. bestimmt von aktuellen Erlebnissen oder Erfahrungen, die dann etwa Freude, Trauer, Ängstlichkeit, Wut usw. resultieren lassen. Alles das spielt auch eine Rolle, wenn vom Bild des Kindes die Rede ist.

Bei all dem haben Erzieherinnen und Erzieher zunächst einmal die Rolle unengagierter, aber interessierter Beobachter, dann qualifizierter Diagnostiker – und (wo nötig) feinfühliger und wirksamer Anreger und Förderer. Für all dieses verwende ich gerne den Begriff „pädagogische Begleitung" – nicht jedoch einfachhin „Begleitung"; denn das wäre zu wenig; vor allem, weil die erzieherische Verantwortung nicht fehlen darf, die bei dem Wort „pädagogisch" immer mit gemeint ist.

Konsequenzen aus dem Bild vom Kind
Je nachdem, wie das Kind gesehen wird oder was an ihm evtl. übersehen wird, hat dies natürlich Konsequenzen, z. B. im Hinblick auf das Erzieherverhalten bzw. den Erziehungsstil; wer dem Kind wenig zutraut und kaum Kräfte in ihm selbst sieht, der meint auch, das Kind müsse von ihm dauernd gelenkt werden. Zu starke Reglementierung und evtl. Überbehütung o. ä. können die Folgen sein. Das Bild vom Kind, das ein Erzieher hat, bestimmt auch das Verhalten des Erziehers. Es hat überhaupt Folgen für die Fragen der Organisation, z. B. im Hinblick auf Personal, Gruppen, Räume, etc..

Jede Epoche in der Geschichte der Pädagogik hat ihr Bild vom Kind, und jenachdem, wie dieses aussieht, gestaltet sich dann auch die daraus resultierende Praxis. Das vorherrschende Bild vom Kind hat insofern immer auch Leitfunktion. Es leitet die Gestaltung der pädagogischen Wirklichkeit, und zwar im einzelnen wie auch gesellschaftlich. Wenn vom pädagogischen Leitbild einer Einrichtung die Rede ist, dann liegt dem ein bestimmtes Bild vom Kind zugrunde.

2.2 Das Bedürfnis nach Bildung

Weiter oben wurden die Bedürfnisse von Kindern genannt, u.a. das Bedürfnis nach Bildung. Ein Bedürfnis bezieht sich auf das, was das Kind unbedingt braucht und ohne dessen Erfüllung es Schaden nimmt nicht zu verwechseln damit, was das Kind gerne hätte – worauf es z.B. gerade Lust hat; das muss man unterscheiden. Wenn jemand gerade Lust auf Schokolade hat, so entspricht das seiner Begehrung, nicht seinem Bedürfnis. Seinem Bedürfnis entspricht es, dass er seinen Hunger stillen muss, also wirklich etwas zu essen „braucht". Dass es gerade Schokolade sein soll, hat mit seiner Lust zu tun. Für die Grundlegung einer lebensbezogenen Pädagogik ist diese scharfe Trennung von Bedürfnis und Begehrung (oder auch Lust bzw. Interesse) unabdingbar. Kinder brauchen (!) dem gemäß Erziehung, Versorgung usw. – und ebenso Bildung. Ohne die Erfüllung dieser Bedürfnisse nehmen sie Schaden.

Was ist und was heißt Bildung?

Bildung ist eines der unschärfsten und schillerndsten Wörter in der deutschen Sprache; jeder benutzt es, keiner definiert es. Eine Erzieherin in einer meiner Untersuchungen: *"Im Kindergarten, denke ich, dass alles Bildung ist. Alles, was wir mit den Kindern machen, halte ich für Bildung. Ich finde, Bildung ist nicht etwas, das in den Kopf eingefüllt wird, also vor allem verstandesmäßig, kognitiv, wie es ja so schön heißt. Hinein, und irgendwann müssen irgendwelche Fähigkeiten da sein. Da gehört einfach alles dazu, was wir machen, auch das Soziale, das Zwischenmenschliche. Dass die Kinder*

26

Unterschiede kennen lernen. Wir haben z.B. ein farbiges Kind, das ist für die anderen Kinder ganz selbstverständlich. Es hat schon eine andere Art, und die Kinder merken dies, dennoch wird es angenommen. Es wird mit ihm gespielt usw. Das Soziale halte ich für sehr wichtig; nicht nur irgendwelche grob- oder feinmotorischen Fähigkeiten. Ein großer Teil der Kinder kann viele Dinge ganz gut, doch soziale Fähigkeiten und die Gemeinschaftsfähigkeit sind bei vielen Kindern mangelhaft. Aus diesem Grund ist es so wichtig, dies zu fördern. Nicht bloß, dass ich sagen kann, dass der eine schneiden, zählen und die Farben kann, ist wichtig. Das Schöne ist, dass im Kindergarten einfach alles Bildung ist. Das Kind wird gebildet."

Diese unklaren Gedanken dürfen wir der Erzieherin nicht ankreiden; denn der Bildungsbegriff wird allseitig, sogar in der Erziehungswissenschaft, so diffus verwendet. „Bildung" sollten wir also besser klären.

Bildung und Erziehung sind wie zwei Seiten ein und derselben Medaille: sie gehören zusammen, meinen aber Verschiedenes. Den grobschlächtigen Spruch „Erziehung ist der Rohrstock, Bildung ist das Lesebuch" können wir heute nicht mehr gelten lassen, wenngleich er evtl. das Verständnis erleichtern kann; Erziehung verstehen wir heute mehr als den Teil des Sozialisationsprozesses, bei dem die intentionale Wert-Norm-Vermittlung im Vordergrund steht, während Bildung sich eher auf die Inhalte und Themen bezieht. Mit „mehr" und „eher" möchte ich sagen, dass es so nicht ausschließlich ist, sondern sich auch vermischen kann. Was also bildet in der Lebensbezogenen Pädagogik?

Inhalte und Themen
Nehmen wir ein Bilderbuch, z.B. noch einmal „Das Lied der bunten Vögel" (vgl. am Anfang unseres Buches). So hieß es dort:

„Gestern bin ich alleine zu dem Bauern geflogen, denn ich wollte das ganze Futter für mich alleine haben. Aber der Bauer wurde wütend und hat mich weggescheucht... Und schließlich sagte der grüne Vogel: Ja es ist nicht gut, nur an sich selbst zu denken. Wenn wir zusammen hingehen und unsere Lieder vortragen, wird sich der Bauer sicher wieder freuen und uns füttern."

Rein inhaltlich handelt das Buch von fünf bunten Vögeln und einem Bauern. Die Geschichte – und alles damit Zusammenhängende: Farben, Zahlen, Gründe und Ursachen etc. - das alles lernen die Kinder kennen und beherrschen und schätzen. Es müssen also "wertvolle" Themen und Inhalte ausgewählt werden. (Man stelle sich im Gegenteil vor, das Buch enthielte als Inhalt lauter Panzer und sonstiges Kriegsmaterial. Oder z.B. rassistische Begebenheiten, in denen die Menschen sich bekämpfen, umbringen und auszurotten trachten.) So dürfte einleuchten, wie Themen und Inhalte bilden bzw. verbilden können; vor allem, je nachdem wie die Handlungen und Verhaltensweisen der Beteiligten enden. In der lebensbezogenen Didaktik brauchen wir Inhalte mit lebensbezogenen Bildungspotenzialen, also solche, die zu den Werten der lebensbezogenen Pädagogik passen und zu den damit verbundenen Zielen führen. An ihnen werden die Kinder sich dann selber bilden und orientieren.

Methoden und pädagogische Beziehung
Nicht nur das „Was", sondern auch das „Wie" wirkt sich in der Bildung der Kinder aus. Die Thematik mag noch so sehr auf Friedensfähigkeit unter allen Menschen und sanften Umgang mit Natur und Ressourcen der Erde abheben, wenn die Vorgehensweise der Erzieherin aber autoritär und aggressiv ist („frontal" – von Front), dann wird das erwünschte Ziel nicht erreicht. Nicht nur „was" wir im Gespräch mit Kindern behandeln, sondern – und evtl. sogar vor allem – „wie" wir mit Kindern darüber sprechen, (ob liebevoll, anerkennend, gerecht, partnerschaftlich) wird sich „bildend" auswirken.

Die Themen und Inhalte als solche, aber auch die Art und Weise ihrer „Bearbeitung" hinterlassen bei Kindern Spuren für ihr Leben.

Hat das Kind eine vertrauensvolle Beziehung zu seiner Erzieherin, besteht also ein echtes pädagogisches Verhältnis zwischen ihr und ihrem Kind, dann ist sie „verkörperte" Bildung. Sie ist das Vorbild, und Kinder bilden sich – besonders in der frühen Kindheit - durch die Personen. „Was" sie sagen (also Themen und Inhalte – ihr Gesprächsstoff) und „wie" sie es sagen (z.B. partnerschaftlich und überzeugend – echt), das gilt für Kinder im frühen Alter. (Kleine Kinder bilden oft geradezu ihre Eltern, besonders die Mutter, in ihren Inhalten und Weisen des Sprechens ab. So stark ist die Vorbildwirkung in Sachen Bildung). Die Themen sollten auch für die Erzieherin selbst ihre Bedeutung und bildende Kraft haben.

Der Begriff der Bildung wurde von uns bisher beschreibend und analysierend – also mehr oder weniger neutral – verwendet.

Er soll aber im Lebensbezogenen Ansatz auch normativ verstanden werden, d.h.: Es ist uns keineswegs gleichgültig, wie der gebildete Mensch „aussieht". (Bildung wird ja als Vorgang, aber auch als Ergebnis – z.B. er oder sie "ist" gebildet – verstanden.) Das gebildete und erzogene Kind ist – am Ende des Kindergartens – in meinen Augen nicht nur (aber auch) das schulfähige, sondern das „lebensfähige" (z.B. eigenständige, ich-starke und selbstbewusste, soziale) Kind – Leben im umfassenden Verständnis des Lebensbezogenen Ansatzes.

Das Kind braucht, und zwar im Sinne des hier vertretenen Bedürfnisverständnisses, d.h. zwingend, lebensbezogene Themen und Inhalte, an denen es sich bilden kann, er-lebende Weisen des Umganges damit (z.B. Handeln in Projekten) und nicht zuletzt Personen, mit denen und über die selber es sich bildet.

Wer bildet das Kind? Können wir überhaupt ein Kind bilden? Ja, aber Achtung. Die Eigenkräfte des Kindes sind im Bildungsvorgang nicht zu unterschätzen, und wir dürfen nicht in jedem Falle davon ausgehen, dass wir Kinder „nach unserem Bilde formen" können. Dafür ist der Vorgang zu komplex und der Sachverhalt zu vielfältig. Erziehung und Bildung des einzelnen Kindes in seiner jeweiligen Einzelheit als Person haben wir nie ganz im Griff – ein Glück. Pädagogische Arbeit bleibt immer etwas Unwägbares. Das enthebt uns aber nicht unserer Chancen und vor allem nicht unserer Verantwortung, die wir für die Bildung des Kindes tragen.
Zuständig und verantwortlich sind wir für das, was in unserer Hand liegt, worüber wir Wirkmächtigkeit haben, z.B. (zusammenfassend)

- ■ Was wir den Kindern (inhaltlich) bieten und womit sie bei uns in der Bildungseinrichtung Kontakt haben bzw. was wir von ihnen fernhalten (lebensfeindliches und qualitätsloses Spielzeug, musikalischer Schund und wertlose Geschichten auf Kassetten, die Kinder in manchen Kindergärten wahllos mitbringen usw.).

- Wie wir mit Kindern methodisch arbeiten und kommunikativ umgehen.

- Was wir selber als Person und Persönlichkeit als Bildungsfaktor verkörpern (z.B. Rauchen in Sichtweite der Kinder, unnötiges Autofahren, ungesunde Ernährung, unökologische Verpackungen etc.)

Auf die positiven und erfreulichen Erlebnisse und Erfahrungen in allen diesen – lebensbezogen äußerst wichtigen – Bereichen der Kinder kommt es an. Das in diesem Sinne gebildete Kind ist nicht nur ein lebensfähiges, sondern auch ein positiv gestimmtes, glückliches Kind.

2.3   Leitsätze für die pädagogische Arbeit im Lebensbezogenen Ansatz

Im Folgenden werden Leitsätze für die praktische Umsetzung des Lebensbezogenen Ansatzes beschrieben. Sie verstehen sich als Hilfen in der alltäglichen Arbeit der Erzieherin und beziehen sich auf die wichtigsten Aspekte des pädagogischen Handelns.

(1) Das Kind ganzheitlich sehen
Damit ist die Sicht auf die verschiedenen Bereiche des Kindes gemeint. Wir können auch das Bild von Kopf, Herz und Hand nehmen, um das Gemeinte zu verdeutlichen. Kopf steht dabei für Wissen und Denken, Herz für Gefühl und Empfinden, Hand steht für Aktion und Handeln. Eine lebensbezogene Didaktik will keine „Verkopfung"; denn Wissen und Denken (also das Kognitive) betrifft nur einen Teil des menschlichen Lebens. Das Fühlen und Empfinden – froh sein, traurig sein, ausgeglichen sein – muss als genau so wichtig betrachtet werden. Ebenfalls die Einstellungen und das Werteempfinden – also die Orientierungen. Und dann natürlich das Handeln, bei dem die Fähigkeiten und Fertigkeiten gefragt sind. Wir können es auch so formulieren: Die Bildungsangebote, Projekte, das Spiel, überhaupt das Leben und Lernen im Kindergarten, muss sich

auf alle anthropologischen Dimensionen (alle Bereiche am Kind) beziehen. Dann wird das Leben vor Einseitigkeit bewahrt.

(2) Die Gegenwart, aber auch die Zukunft sehen - Schulvorbereitung

Zum Leben des Kindes, und zum Leben überhaupt, gehören alle drei: Gegenwart, Vergangenheit und Zukunft. Bildungs- und Erziehungsarbeit dürfen wir nicht losgelöst von der Zeit betrachten. Sonst sind wir unrealistisch. Dass Kinder, vor allem kleinere Kinder, sich besonders in der Gegenwart empfinden, und weniger in der Vergangenheit und Zukunft, ist bekannt und selbstverständlich zu akzeptieren. „Die Gegenwart des Kindes soll nicht seiner Zukunft geopfert werden". Diesem Satz ist in der allgemeinen Form sicher zuzustimmen. Andererseits haben wir die Pädagogik gerade dazu, dass von uns - stellvertretend für das Kind – verantwortlich in seine Zukunft gesehen wird und dass es auf diese vorbereitet wird, allerdings in Grenzen und mit Maß. Sonst ginge in der Tat die Kindheit verloren.

In diesem Zusammenhang muss auch die Frage nach der Vorbereitung auf die Schule gesehen werden. Meine Forderung wäre nicht, dass die Erzieherin täglich „Schulvorbereitung macht" und nichts Anderes mehr im Kopf hat, als die Zukunft ihrer Kinder. Es wäre fatal. Allerdings auch nicht das Gegenteil. Wir müssen uns im Kindergarten schon regelmäßig fragen, ob unsere Kinder auf dem richtigen Weg zur Schulfähigkeit sind und was wir dafür tun. Schule ist für jedes Kind ein so wichtiges Stück Leben, dass wir damit nicht leichtfertig umgehen dürfen. Wir müssen wissen, was das Kind in der Schule erwartet und selber eine klare Vorstellung von Schulfähigkeit haben (vgl. dazu Huppertz/Schinzler, 1995, S. 286 ff).

(3) Offene Planung

Die Planung darf generell in der Pädagogik nicht zu genau sein, erst recht jedoch nicht in der Pädagogik der frühen Kindheit. Die Gefahr, dass eine zu exakte Planung stattfindet, und damit zu viel verplant wird, ist genauso groß, wie die der Planungslosigkeit. Deshalb plant im Lebensbezogenen Ansatz die Erzieherin zwar, macht aber die Exaktheit bzw. die Offenheit ihrer Planung sehr wohl von den Anlässen, Zielen und Gegebenheiten abhängig. Will sie z.B. mit einem Kind im Sinne eines gezielten Förderplanes arbeiten, dann kann ihre Planung - evtl. gemeinsam mit einem Sozialpädagogen – viel exakter sein, als wenn sie Planung und Vorbereitung etwa für ein Projekt durchführt. In der exakten Planung ist im Plan (fast) alles genau vorweggenommen und festgelegt, beim offenen Plan sind die Richtpunkte genau, und man ist nicht enttäuscht, wenn es ganz anders kommt, als gedacht. „Anarbeiten" und sehen, wie es weitergehen wird, kann dabei oft sinnvoll sein. „Abweichungen" können dabei des öfteren durchaus als erwünscht angesehen werden.

(4) Die Umgebung vorbereiten

Es wird hier davon ausgegangen, dass es nicht nur die Inhalte und Personen sind, die auf das Kind und seine Bildung Einfluss ausüben, sondern auch die Umgebung; nicht nur die Räume als solche, sondern vor allem die von der Erzieherin gezielt vorbereitete Umgebung. Diese soll dann von ihr selbst her und durch sich selber das Kind anregen zum Schauen, Betrachten, Sprechen und zum Handeln. Vorbereitete Umgebung kann bedeuten, dass wir bestimmte Gegenstände – Bilderbücher, Spiele, Naturgegenstände etc. – mit Aufforderungscharakter zentral bereitstellen, - oder aber evtl. Dinge beseitigen, durch welche das Kind vom beabsichtigten Gegenstand abgelenkt werden könnte. Dabei ist besonders an das gezielte Angebot oder aber auch evtl. an den Einstieg bzw. die erste Phase eines Projektes zu denken.

(5) Die pädagogische Arbeit vor- und nachbereiten

Pädagogische Arbeit muss vorbereitet werden. Das betrifft sowohl die zu treffenden Entscheidungen bezüglich der Werte, Ziele und Inhalte, sowie die damit verbundenen Vorbereitungen, wie Materialbesorgungen, Absprachen usw., als auch die persönliche Vorbereitung. Will die Erzieherin ein Thema mit ihren Kindern wirklich bildend bearbeiten, dann muss sie es sich vorher zuerst einmal selber zu eigen gemacht haben. Ein oberflächliches Befassen reicht nicht aus, die Bildungsinhalte müssen selbst durchlebt werden und der Bildungssinn muss einleuchten. Was ihr selbst ein Herzensanliegen geworden ist, das kann sie überzeugt und überzeugend weitergeben. Vor allem den traditionellen Gegenständen und Themen, die etwa jährlich wiederkehren, sollte durch eine erneute Reflexion jeweils auch Neues abgewonnen werden können. Dann wird Bildung nie langweilig, und so kann auch die Vermittlung erst zur eigentlichen Bildung werden. Diese persönliche Vorbereitung ist unverzichtbar. Das Gleiche gilt für die Nachbereitung. Auch wenn die zeitlichen Grenzen noch so eng sind, sollte in der Erziehung und Bildung die tägliche, wenn evtl. auch kurze, Nachbereitung als Nachbesinnung nicht fehlen. Ratsam ist dabei, sich schriftlich etwas festzuhalten über das, was vom Tage als wichtig angesehen wird. Wer darin Routine hat, braucht dazu nicht viel Zeit. Eine derartig reflektierte und engagierte Arbeit ist im Grunde die Voraussetzung dafür, dass wir einzelnen Kindern besser gerecht werden, indem wir sie gezielt und individuell besonders fördern.

(6) Erziehungsstil und pädagogische Ziele

Der Lebensbezogene Ansatz hat eine klare Wertbasis. Daraus ergeben sich die Bildungs- und Erziehungsziele. Die Erzieherin macht sie sich selbst zu eigen und führt die Kinder zu diesen Zielen oder bereiten wenigstens den Weg dorthin.

Lebensbezogene Pädagogik verlangt einen absolut partnerschaftlichen Erziehungsstil. Das Kind ist dabei Partner, aber nicht völlig gleichberechtigt. In Grenzsituationen hat die Erzieherin selbstverständlich das Recht und die Pflicht, Grenzen zu setzen und das Kind entsprechend zu führen. Das gebietet ihre Rolle. Das bedeutet aber nicht, dass wir dem Kind nicht seine Rechte und seine Eigenständigkeit lassen – im Gegenteil. Autorität heißt vom Wort her „wachsen machen" – und schließt -, wie könnte es anders sein? – „wachsen lassen" ein.

Partnerschaftlicher Erziehungsstil heißt: Wir gehen mit Kindern so um, wie wir wünschen, dass generell auch mit uns umgegangen wird. Dieses Prinzip der Reversibilität ist die goldene Regel des Erziehungsverhaltens. Das bedeutet weiter: Wenn Strafen, dann nur im äußersten Fall; Ebenbürtigkeit und echte Zusammenarbeit; Förderung der Selbstständigkeit und Unabhängigkeit, Macht und Stärke nur im allernotwendigsten Ausmaß.

Nur in einer von einem solchen liebevollen Erziehungsstil geprägten Atmosphäre können die im Lebensbezogenen Ansatz erforderlichen Werte und Ziele der Weltbürgerlichkeit gedeihen.

(7) Kooperation und Vernetzung

In mehrfacher Hinsicht ist es Aufgabe der Erzieherin, mit Anderen zusammenzuarbeiten. Das Kind kommt aus der Familie, so dass es der Zusammenarbeit mit dieser bedarf. Es geht in die Schule, so dass Kooperation mit der Lehrerschaft am Übergang zur Grundschule angesagt ist. Das Kind ist mit seiner Familie Teil des Gemeinwesens. Dort sollte es integriert sein. Für manche Kinder ist aber auch eine Zusammenarbeit mit Beratungsstellen oder – immer je nach sozialem Umfeld – den Sozialdiensten erforderlich. Über alles das hinaus ist noch die Zusammenarbeit nach innen, gemeint ist die Teamarbeit, zu nennen, ohne die eine lebensbezogene Pädagogik nicht denkbar erscheint.

Um all dieses bewältigen zu können, wird von der Erzieherin die teamfähige, kooperative und kommunikative Persönlichkeit verlangt.

(8) Didaktisches Material, Spiele und andere Medien

Was den Medieneinsatz anbetrifft, sind wir im Lebensbezogenen Ansatz besonders sensibel und achtsam. Originarität hat Vorrang vor Mediatisierung. Das ist keine Medienfeindlichkeit, sondern reflektierte Vorteilsabwägung. Didaktisches Material, also z.B. Lernspiele, Vorschulmappen etc. wird hier keineswegs verworfen, sondern sollte besonnen dort zum Einsatz gelangen, wo es sinnvoll und für das Kind förderlich ist. Mit den Kindern in entsprechenden Projekten selber hergestellte Lernmaterialien und Medien können jedoch durchaus einen höheren Stellenwert haben.

In der lebensbezogenen Pädagogik wird auf die Qualität des Materials besonders geachtet. Spielsachen aus Plastik werden nicht prinzipiell verworfen, allerdings wegen ihrer ökologischen Problematik auch nicht gerade favorisiert. Der Grundsatz lautet: Natur vor Plastik. Holzspielzeug ist wertvoller.

(9) Befindlichkeit und Lebensbedingungen der Kinder kennen

Für alle pädagogische Arbeit gilt, dass sie nur gut ausgeübt werden kann, wenn Erzieherinnen und Erzieher die Befindlichkeit und Voraussetzungen derer kennen, mit denen sie tätig sind. Das gilt nun für die Kleinkindpädagogik in besonderem Maße, weil hier die Empfindsamkeiten ganz andere sind und die möglichen Folgen der Nichtbeachtung der Situation und Lage des Kindes viel gravierender wären. Deshalb wird die Erzieherin sehr darauf bedacht sein, die familiären Hintergründe ihrer Kinder zu kennen, wie ebenso auch die aktuelle Befindlichkeit, also ob es dem einzelnen Kind , durch Krankheit o.ä. bedingt, schlecht geht.

Zu dieser Überlegung gehört aber auch die Frage nach der sozialen, evtl. auch nationalen oder ethnischen Herkunft der Kinder. Man sollte die Orientierungen und religiösen Zugehörigkeiten der Familien kennen. Nur so ist überhaupt eine sinnvolle Planung der Bildung und Erziehung möglich. Die gestandene Erzieherin, die, wie sie sagt, vor 30 Jahren ein chinesisches Kind in ihrem Kindergarten hatte, heute aber 87 ausländische Kinder, muss dies bei ihrer völlig veränderten Arbeit berücksichtigen.

(10) Individualisieren und kompensatorische Bildung
In der lebensbezogenen Didaktik hat das einzelne Kind Vorrang vor dem Kollektiv bzw. der Gruppe. Zunächst ist es als Individuum zu sehen, und erst dann als Mitglied des sozialen Verbandes. Das Kind ist eine einzigartige Person und deshalb auch in seiner Jeweiligkeit zu respektieren. Das erfordert bei der Erzieherin die dementsprechende Einstellung und praktische Arbeit. Sie wird so stärker das einzelne Kind im Blick haben und auf es in der ihm gemäßen Weise eingehen und die für es erforderlichen Angebote und Spiele bedenken.

Wir wissen heute auch viel besser, dass Kinder recht verschiedene Wahrnehmungs- und Lernweisen haben. Aber allein schon die unterschiedlichen Alters- und Entwicklungsstände der Kinder – auch innerhalb eines Jahrgangs – verlangen uns eine individualisierende Arbeit ab.

Das mit dem Individualisieren zusammenhängende Prinzip ist das des Differenzierens: Damit ist die unterschiedliche Reaktion von pädagogischer Seite aus gemeint, z.B. was die Inhalte, die Methoden, die Medien etc. anbetrifft: In allen diesen Punkten kann differenziert, also verschieden vorgegangen werden, um dem Kind in seiner Individualität gerecht zu werden. So braucht z.B. das eine Kind mehr Zeit und Motivierung, um eine Aufgabe zu beenden; das andere braucht in seiner Lage evtl. eine andere Geschichte, also einen anderen Inhalt; das nächste Kind bedarf einer anderen Ansprache und Ermutigung als die Anderen etc.

In diesem Zusammenhang muss die kompensatorische Bildung genannt werden. Gemeint sind ausgleichende Maßnahmen bei vorhandenen Defiziten, z.B. bei einem sprachlich oder motorisch nicht adäquat entwickelten Kind. Gedacht ist hier besonders auch an die Kinder aus benachteiligten Milieus. Ihrer müssen wir uns in besonderer Weise annehmen und zusehen, dass sie – kompensatorisch – gefördert werden. Das sollte dann gezielt und nachhaltig geschehen und möglichst evaluiert, also auf seine Wirksamkeit hin geprüft werden.

2.4. Pädagogische Ziele und Werte

Was Orientierung heißt, erfahren wir am besten, „wenn wir die Orientierung verloren haben", wie wir in einem solchen Fall sagen. Dann wissen wir nicht, „wo wir uns befinden" – geschweige denn, was wir tun sollen. „Orientierungswissen" ist „Wegweiserwissen" – ein Wissen, das uns den Weg weist. Ein solches Wissen brauchen wir im pädagogischen Handeln – und: ein derartiges Wissen brauchen unsere Kinder für ihr Leben.

Woran sollen wir uns nun orientieren? An Personen? An Weltanschauungen? An Erfahrungen? (Welchen? Eigenen?) Meine Antwort: Wir orientieren uns an Werten und sollten dieses auch immer tun. Werte sind unsere Führungsinstanzen und weisen uns den Weg. Der oberste Leitwert ist dabei im Lebensbezogenen Ansatz, wie der Name sagt, „das Leben" selber und als solches. Es ist der philosophisch gefundene Wert des Lebens an sich, der unser Wegweiser ist und uns die Orientierung gibt.

2.4.1 Wie finden wir die Ziele und Werte?

Ein Wert ist etwas, das von ihm selbst her wertvoll ist (objektiver Wert) oder etwas, dem wir Wert zusprechen, dem wir Wert geben (subjektiver Wert). (Ich empfehle hier gerne das lesenswerte Büchlein von Hans Reiner „Von den Werten" , PAIS-Verlag, Oberried 2001). In unserer Wahrnehmung und unserem Empfinden können auch der objektive und subjektive Wert sich miteinander verbinden.

Es gibt nun Werte, die im Hinblick auf ein qualitätsvolles und gelingendes Leben aller Menschen nicht hinterfragbar sind und insofern objektiv und absolut sind. Sie empfehlen sich nicht nur selber, sondern sie – als solche – drängen sich uns geradezu auf – allerdings nur, wenn wir einen freien und unvoreingenommenen Blick für sie haben. So ist es z.B. mit dem Wert des Lebens als solchem. Dieses will und soll sein. Wer das sagt? Es selber. Ein anderer Wert dieser Art ist die Gerechtigkeit. Jedem das seine und das ihm Gebührende! Grundsätzlich gleiche Behandlung vor Gericht! Wenn wir unvoreingenommen sehen und nicht von eigenen Interessen und Vorteilen besetzt und geleitet sind, dann muss uns niemand mehr sagen, dass Gerechtigkeit sein soll, sondern sie verlangt von ihr selber her, und zwar unwiderstehlich, dass sie ist und dass wir ihr folgen müssen, indem wir gerecht handeln. Andere, derartig starke Werte sind z.B. Freiheit, Solidarität, Friede unter den Menschen und zwischen den Völkern.

Werte stehen im Lebensbezogenen Ansatz an erster und oberster Stelle. Sie sind die von ihnen selber her autorisierten Führungs-instanzen, und wir erklären sie damit zu pädagogischen Zielen, d.h. zu

Zielen unserer Erziehung und Bildung. Damit sind sie Werte, zu denen wir unsere Kinder – gezielt – hingelangen lassen. Leben, Gerechtigkeit, Freiheit usw. werden dann von selber auch zu Werten unserer Kinder. Ein pädagogisches Ziel bezieht sich immer auf etwas, das am Ende der Erziehung und Bildung beim Kind oder Jugendlichen verwirklicht sein soll, und zwar möglichst nachweisbar.

Nun ist es allerdings so, dass Werte „kommen und gehen" – mögen sie an sich noch so objektiv sein. Wenn die Menschen ihre Bedürfnisse auf andere Weise befriedigen wollen, scheinen sie andere Werte zu bevorzugen, was selbstverständlich auch mit ihrer jeweiligen Lage und Befindlichkeit zusammenhängt. Stichwörter wie Wertewandel, Werteverlust o.ä. sind bekannt. Genau hier ist Pädagogik gefragt, indem sie nicht jedem Modetrend Folge leistet, sondern auf die Werte an sich schaut und sich um deren Gültigkeit und Umsetzung – auch zur Unzeit – sorgt. Erzieherinnen und Erzieher werden somit zu Anwälten der Werte ihrer Kinder. Dann sind sie „kindorientiert".

Die pädagogischen Ziele leiten sich also von den Werten ab, die ihre Rechtfertigung von ihnen selbst her immer schon haben. Wir kümmern uns darum, dass sie sich unseren Kindern vermitteln. „Beibringen" müssen wir sie nicht, sie wirken von selber und als solche.

2.4.2   Werte von gestern, Werte für heute und Werte für morgen

Nicht nur die Umstände und Möglichkeiten des menschlichen Lebens verändern sich heute in einer nie da gewesenen Geschwindigkeit, sondern damit einhergehend auch die Bedürfnisbefriedigungs-möglichkeiten der Menschen und damit verbunden ihr Wertebewusstsein. Werte sind auch Errungenschaften der historischen und anthropologischen Entwicklung. So können wir unterscheiden zwischen tradierten und mehr oder weniger etablierten Werten (z.B. Freiheit, Gleichheit, Brüderlichkeit, Werte aus der französischen Revolution, 1789, oder aus der allgemeinen Erklärung der Menschenrechte, 1948) einerseits, und Werten, die auf Grund der gegebenen Umstände (neu) entdeckt und betont werden müssen, andererseits, z.B. Natur- und Umweltschutz. Nicht selten ist es so, dass die Vernichtung von Wert-vollem erst dessen wirklichen Wert erkennen lässt. Erst wenn der Wald geschädigt ist und große Teile von ihm vernichtet sind, wird sein wirklicher Wert erkannt. Das Gleiche gilt für die Energiequellen der Erde. Erst wenn sie in sinnloser Weise ausgebeutet und verbraucht sind, wird ihre wirkliche Bedeutung erkannt. Ebenfalls gilt dies für immaterielle Werte, z.B. das ethische Verhalten – Ehrlichkeit, Zuverlässigkeit, Treue, Freundschaft usw. Die Menschen werden dann gleichsam wach und sehen, dass diese Werte noch da sind und getan sein wollen.

Die Veränderungen und die damit verbundenen Probleme – teilweise gewiss auch Vorteile und erfreuliche Entwicklungen – führen dazu, dass es zahlreiche Werte gibt, die heute, vor allem aber für den morgigen Tag, eine große Gültigkeit erlangen müssen, und zwar in erster Linie unter dem Gesichtspunkt des Wertes von Leben.

Auf die mit solchen gegenwarts- und zukunftsrelevanten Werten verbundenen Erziehungs- und Bildungsziele, wie sie als Führungs-instanzen dem Lebensbezogenen Ansatz zu Grunde liegen, wird im Folgenden eingegangen. Das Vorgehen ist phänomenologisch, d.h. die Werte und pädagogischen Ziele sowie die situativen Gegebenheiten sollen möglichst – von uns und unseren Urteilen frei – so, wie sie von ihnen selbst her sind, sich ins Licht stellen können und erkannt werden. Damit erweist sich uns eine pädagogische Ziellehre, wie wir sie als Basis im Lebensbezogenen Ansatz zu Grunde liegen haben.

Einige der zentralen Wert- und Zielbereiche werden hier etwas breiter beschrieben, andere, die mehr oder weniger formal zu allen anderen beitragen und passen, werden nur genannt, und zwar (zum besseren Verständnis) auch von ihrem Gegenteil her.

(1) Weltbürger als pädagogisches Ziel

Ein „Weltbürger" ist ein Bürger der Welt, - der „die Welt", die Erde, als seine Welt und die der Anderen ansieht. Alles gehört ihm und den Anderen, und zwar allen in gleicher Weise, gemeinsam. Ich und das Meinige sind o.k. – und die Anderen und das Ihrige sind ebenfalls o.k., so etwa könnte ein Motto des Weltbürgers lauten. Das Gegenteil von einem Weltbürger ist der Regionalist, der sein Territorium sieht, dies, verbunden mit seiner Kultur und Tradition, für das Bessere hält und entsprechend das der Anderen für minderwertig erachtet (auch wenn er es gar nicht genau kennt). Das Gegenteil eines Weltbürgers ist auch der übertriebene Patriot (patria = Vaterland), der sein „Vaterland" für das einzig Wahre hält und es möglicherweise nicht nur verteidigen muss, sondern auch noch ausweiten möchte. Derlei Wertebewusstsein hat leider eine lange Geschichte und ist leider noch sehr verbreitet. Wir wissen aber heute, dass ganz andere Orientierungen möglich – und weit verbreitet sind – und dass sie vor allen Dingen bitter nötig sind. Eine lebensbezogene Pädagogik ist absolut weltbürgerlich orientiert und macht keinen Unterschied, ob Menschen eine schwarze, rote, gelbe oder weißliche Hautfarbe haben; ob sie diese oder jene Sprache sprechen, diesen oder jenen Akzent oder Dialekt. Es zählen andere Werte und Eigenschaften – nämlich die der vorurteilslosen Akzeptanz und Toleranz.

Der Weltbürger ist auch kein übertriebener Nationalist, wenngleich er seine nationale Identität schätzen darf. Ein Kind soll sagen dürfen, dass es gerne ein deutsches Kind ist. Es soll aber lernen, dass es die Einstellung haben soll, dass das französische, indische und afrikanische Kind genauso viel gilt und die gleichen Rechte auf dieser Welt hat.

Der Weltbürger grenzt nicht aus, ist international und interkulturell. Er ist kein Chauvinist, sondern integrativ und um Vorurteilslosigkeit bemüht.

Ganzheitlichkeit und weltweite Gemeinsamkeit sind zentrale Merkmale der Weltbürgerlichkeit. Das Gebet des indigenen Amerikaners bringt es gelungen zum Ausdruck: *„Ich gebe meinen Atem zu deinem Atem, ... damit wir ein einziger Mensch werden, damit wir unsere Wege gemeinsam beenden."*

(2) Umwelt- und Naturbewusstsein als pädagogisches Ziel
Jeder weiß es – theoretisch -, dass in diesem großen und hoch bedeutsamen Bereich viel geschehen muss, wenn nicht die Vergiftung der Umwelt und die Verluste in der Natur weiter das Leben und Überleben der Menschen und der Welt in Gefahr bringen sollen. Immer, wenn man Kinder, Jugendliche oder Erwachsene nach der

Wertigkeit von Umwelt und Natur befragt, erhalten diese einen hohen, vielfach sogar den höchsten Rang. Natur- und Umweltschutz ist allen wichtig, aber keineswegs verhalten sich alle auch demgemäss. Viel mehr leben sie drauf los und verschwenden die unersetzbaren Ressourcen der Erde. Eine lebensbezogene Pädagogik muss mit allen Kräften dagegen steuern.

Allerdings ist auch hier ein wirksamer Weg gefragt, und zwar ausgehend vom Positiven und Erfreulichen. Die Kinder sollen zuerst erfahren und hautnah erleben, wie schön die Natur ist, damit sie sie schätzen und lieben, und – dann auch schützen.

Entdeckungen am Waldtag

Wir müssten uns selber eine Art ökologischen Imperativ zu eigen machen: „Handle im Umgang mit Natur und Umwelt so, dass alle noch nach dir Kommenden dein Handeln zu einer allgemeinen Maxime erklären würden!" Ein großer Anspruch, der aber ein gutes Leitprinzip wäre. Bei näherem Hinsehen kann niemand seine Gültigkeit bestreiten.

In unseren Kindergärten geschieht bereits Vieles in Richtung des hier gemeinten Zieles, und insofern wird im Sinne des Lebensbezogenen Ansatzes gearbeitet. In vielen Einrichtungen und an vielen Stellen muss sich allerdings auch noch grundlegend etwas ändern. Zahlreiche Einrichtungen führen Bildungsprojekte zur Müllvermeidung durch, machen Waldtage und gestalten das Außengelände natürlicher usw. Das will der Lebensbezogene Ansatz beibehalten wissen, aber auch gesteigert haben.

Der Kindergarten hat in diesem Bereich beste Chancen und Voraussetzungen – vor allem dann, wenn eine gute und wirksame Zusammenarbeit mit den Eltern stattfindet. Aber vor allem sollte auch mit den Fachinstanzen kooperiert werden, damit das pädagogische Ziel und der große Wert des Umwelt- und Naturschutzes auch nachhaltig realisiert wird, z.B. mit dem zuständigen Förster, den Umweltbehörden, Umweltschutzvereinigungen etc.

(3) Friedensfähigkeit als pädagogisches Ziel

Frieden wird gemeinhin verstanden als das Fernsein von Krieg. Das ist aber zu wenig. Zu echtem Frieden gehört viel mehr auch die erfreuliche Beziehung als Basis des Versöhntseins (von „Söhne") miteinander. Dieses Friedensverständnis ist von Alters her der erstrebenswerte Zustand und die tiefe Sehnsucht der Menschen. Aber immer hatten sie Kriege. Immanuel Kant verfasste die Schrift „Zum ewigen Frieden". Die Pädagogik wurde seit ihrem Bestehen in viel zu geringem Maße für die nachhaltige Bewirkung eines echten Friedens unter den Menschen und zwischen den Völkern bemüht. Vielfach wurde das pädagogische Wissen sogar eher für das Gegenteil, den Krieg, genutzt.

Eine lebensbezogene Pädagogik versteht sich von ihrem Wesen her u.a. als eine Friedenspädagogik. Für den Lebensbezogenen Ansatz gilt der Wert des Friedens als absolut und nicht hinterfragbar. Friede leuchtet von ihm selber aus als wertvoll ein und ist deshalb erstrebenswert. Weil es sich um einen absoluten Wert handelt und weil gelingendes menschliches Leben aller ohne den Frieden nicht möglich ist, deshalb ist ein Arbeiten nach dem Lebensbezogenen Ansatz auch friedenspädagogisch orientiert. Frieden als Wert wird uns zur Orientierungsinstanz.

Voraussetzung dafür sind selbstverständlich soziale Kompetenzen, z.B. kommunikative und argumentative Konfliktregelung, wie wir sie unseren Kindern durchaus vermitteln sollen. Friedensfähigkeit impliziert darüber hinaus die Einstellung, dass wir den Wert des Friedens für alle so hoch schätzen, dass wir uns für ihn – auch aktiv und sichtbar – einsetzen, wo immer es geht. Dazu ist ein Denken in sozial gerechten Kategorien notwendig, eine echte weltbürgerliche Orientierung. Friedensfähigkeit als Einstellung und (!) als aktives Verhalten meint somit mehr als „nur" Sozialerziehung.

Nur wenn die Voraussetzungen dafür geschaffen werden, dass immer mehr Kinder auf der ganzen Erde Chancen für ein gelingendes Leben haben, dann wird auch immer mehr Frieden möglich sein. Dieser Traum kann Wahrheit werden, wenn auch wir als Pädagoginnen und Pädagogen erzieherisch und bildnerisch unseren kleinen Beitrag leisten – und zwar nicht nur zu Zeitpunkten, wo die Welt sich mitten im Krieg befindet (die Zeilen wurden am 14. Tag des Irak-Krieges 2003 verfasst!).

Friedenstauben mit Kinderwünschen

Im Folgenden sollen weitere Werte und pädagogische Ziele des Lebensbezogenen Ansatzes genannt werden. Die Auflistung ist nicht systematisch, und alle diese Ziele für heute und morgen haben ihre Bedeutung für eine konkrete Arbeit nach dem Lebensbezogenen Ansatz. Diese Werte vermitteln sich nur im gemeinsamen und konkreten Zusammenleben mit den Kindern während des Alltags sowie bei Fest und Feier. Um sie verständlicher darzustellen, werden sie immer auch von ihrem Gegenteil her beleuchtet.

- Er-leben der Wirklichkeit, z.B. durch originäres Erfahren in der Natur (Wasser, Feuer, Wind ...) – (das Gegenteil: Mediatisierte Vermittlung, z.B. durch überhöhten Medienkonsum mit Fernsehen, Video, Computerspiele usw.)

- Maßhalten und verzichten können (das Gegenteil: Mentalität der Überfluss- und Wegwerfgesellschaft)

- Ethisches Verhalten als Bewusstsein von Gut und Böse (das Gegenteil: Handeln nur nach Profit und eigenem Vorteil)

- Sicht des Ganzen (das Gegenteil: die Einstellung: „Mein Handeln betrifft nur mich.")

- Mit-leiden (nicht Mitleid) gegenüber Benachteiligten (das Gegenteil: Abgestumpftheit und nur an sich denken)

- Kritikfähigkeit – bei Respektierung von zeitgemäßer Tradition (das Gegenteil: zu starke Anpassung und Gehorsam um jeden Preis)

- Erkennen der Folgen von eigenem Handeln (das Gegenteil: anderen die Ursachen und die Schuld für eigene Vergehen zuschieben)

- Die Zukunft selbst vorausschauen (das Gegenteil: gleichgültig in den Tag leben und alles „den Experten" überlassen)

- Energiebewusstsein (das Gegenteil: verschwenderischer Umgang mit den Ressourcen der Erde)

- Verantwortungsbewusstsein (das Gegenteil: Egoismus und eigener Hedonismus)

- Furcht, Vorsicht und Umsichtigkeit – nicht gemeint ist Erziehung zur Ängstlichkeit (das Gegenteil: Draufgängertum und Waghalsigkeit)

- Bescheidenheit in der Leistungssteigerung (das Gegenteil: Immer mehr, immer weiter ... durchaus in Konkurrenz zu und auf Kosten von anderen)

- Innovationsfreudigkeit – d.h. u.a.: Anderes und Neues sind, wenn sinnvoll, erwünscht (das Gegenteil: aus Bequemlichkeit o.ä. immer alles beim Alten lassen)

- Partizipation und Mitgestaltung (das Gegenteil: Autoritäre Anweisungen „von oben" erwarten und brauchen)

- Aktuelle Sensibilität über das Momentane hinaus (das Gegenteil: was gestern Schlimmes geschah, z.B. eine Katastrophe durch ein Atomkraftwerk, haben die Menschen morgen schon vergessen)

- Eigene Aktivität und Initiative (das Gegenteil: anderen immer die Initiative überlassen und warten bis von ihnen Impulse kommen)

- Individuelles Durchhalten, Zivilcourage (das Gegenteil: nur nicht gegen den Strom schwimmen und etwa anecken, selbst wenn man vom Richtigen überzeugt ist)

- Autodidaktische Qualifikation: je nachdem, wie die Welt von morgen aussieht, brauchen wir vielleicht wieder andere Fähigkeiten und Ziele; (das Gegenteil: ein starres und geschlossenes Lebensbild, für dessen Bewältigung man glaubt, ausreichendes Wissen vermitteln zu können) (vgl. Huppertz 1992, S. 75 ff.).

3. Der Lebensbezogene Ansatz in der Praxis

Drei methodische Arbeitsformen sind es, die im Lebensbezogenen Ansatz eine wichtige Rolle spielen und für unverzichtbar gehalten werden: das freie Spiel, das gezielte Aktivitätsangebot und die Projektarbeit. Zuerst geht es um die Projektarbeit.

3.1 Die Projektarbeit

3.1.1 Das Indianerprojekt

Die Gruppe lebt vier Wochen lang wie ein richtiger Indianerstamm. Als Einstieg fertigen die Kinder mit der Erzieherin eine Landkarte von Nordamerika an, die im Gruppenraum aufgehängt wird. Sie leben wie Indianer – doch diese Menschen haben ganz andere Namen. Es kommen sehr kreative Ergebnisse zustande, so dass vom Häuptling „Weiße Feder" bis zur Squaw „Schleichende Sohle" originelle Namen vertreten sind. Jedes Kind bastelt sich mit Begeisterung einen Lederbutton, der mit dem Namen beschriftet wird. Doch nur die Namensgebung allein genügt nicht, um wie ein Indianerstamm zu leben. Dazu muss auch noch das Umfeld verändert werden. Tische und Stühle gibt es nicht bei den Hidatsas (so der Stammesname), also werden sie, soweit möglich, alle aus dem Gruppenraum entfernt und an ihrer Stelle zwei Tipis aufgestellt. Sie bestehen aus zwei Kleeböcken mit selbstgenähten und von den Kindern bedruckten Stoffüberzügen. Auf diese Art und Weise verwandelt sich der ganze Gruppenraum, so dass es eine Handweberei, eine Schnitz- und Schmirgelecke, einen Feuerplatz zum Kochen und Geschichtenerzählen gibt sowie ein Kanu, bestehend aus einem umgedrehten Tisch mit einem Bettuch überzogen. Damit auch die Natur Nordamerikas nicht fehlt, werden Kakteen, Wüstensand und Büffel an die Fenster gemalt. Besonders aufregend sind für die kleinen Indianer die Höhepunkte eines Indianerlebens, z.B. ein Ausflug in den Wald, der den Kindern das richtige Schleichen durch Gestrüpp und das Verstecken hinter Bäumen ermöglicht. Die Krönung und den Abschluss des Indianerlebens bildet ein Sonnwendfest des Stammes. Jedes Stammesmitglied kommt zu diesem Fest mit seinem Festtagsschmuck, z.B. dem selbst bestickten Stirnband, mit bemalter Feder, einem getonten Amulett mit Papierröllchenband usw. Sind alle Festteilnehmer anwesend, wird gemeinsam richtig indianisch gekocht. Es gibt Mais mit Kartoffeln und Kräutern, gebacken auf einem Blech. Das Gericht wird mit den Händen gegessen. Anschließend wird indianisch gesungen und getanzt. Mit etwas Trauer, doch mit viel Erinnerungen wird am nächsten Tag der Gruppenraum gemeinsam wieder umgestaltet.

Inwiefern ist das gerade ein lebensbezogenes Projekt? Es findet eine Erziehung zum Weltbürger statt. Das Kind lernt den Reichtum fremder Kulturen kennen, andersartige Menschen zu akzeptieren und fremden Ländern mit Offenheit, statt mit Ablehnung oder Skepsis zu begegnen. Es erfährt, dass auch Minderheiten, wie z.B. Indianer, sehr bedeutend und wichtig für unsere Welt sind. Es wird echtes geographisches Wissen vermittelt. Die Kinder finden Nordamerika auf dem Globus. Schulvorbereitendes Wissen wird durch die Ausgestaltung des Gruppenraumes hervorgehoben. In diesem Land, in dem die Gruppe sich jetzt befindet, gibt es viele Pflanzen mit Stacheln, z.B. Kakteen, und viel Steppe wegen des heißen Klimas. Es findet eine Förderung der Sprache bei den Kindern statt. Sie lernen neue Begriffe, wie z.B. Tipi oder Amulett. Ohne Angst und mit viel Spaß traut sich jedes Kind, neue, fremde Wörter auszusprechen und zu verwenden. Das tägliche Vorlesen einer fortlaufenden Geschichte verlangt Konzentration bei den Kindern, um die Zusammenhänge von Tag zu Tag nicht zu vergessen. Indianer lieben die Natur, sie schützen die Pflanzen und gehen sehr sorgfältig mit Wasser um. Sie verehren die Sonne und danken dem großen Gott, dass er ihnen den Wind geschickt hat. Sie sind keine aggressiven, sondern freundliche, hilfsbereite Menschen. Genau diese Werte kommen im Rollenspiel in der Gruppe zur vollen Entfaltung. (Die Erfahrung mit diesem Projekt verdanke ich Annette Deublin.)

3.1.2 Projektidee: Einmal leben wie in der „Dritten Welt"[1]

Die Idee dieses Projektes liegt darin, die Kinder bei uns ein Stück weit nachempfinden und nachfühlen zu lassen, wie ihre Altersgenossen in Ländern der Dritten Welt leben, was es heißt, arm zu sein und kein Geld für „richtiges Essen" zu haben, was es bedeutet, schon als kleines Kind arbeiten zu müssen und keine schöne Wohnung zu haben.

Selbstverständlich können wir immer nur Teilerfahrungen ermöglichen, aber auch diese helfen vielleicht, mit größerer Sensibilität sich einzufühlen in das Lebensschicksal der anderen und sich daran zu erinnern, dass es anderen Kindern anderswo anders geht als uns. Dabei werden nicht nur Aspekte des Mangels und der Armut entscheidend sein, sondern auch positive Gefühle von Gemeinschaft und Vertrauen in die eigene Kraft.

Vorschläge zur Gestaltung
Die Kindergartengruppe trifft sich schon früh am Morgen. Gefrühstückt wird im Kindergarten (z.B. kalter Maisbrei, von dem die Kinder sicher nur wenig nehmen werden). Dann zieht die Gruppe in den Wald (mit Forstamt absprechen) und sammelt Reisig und Abfallholz auf einen Haufen. Andere Kinder können weggeworfenes Papier an den Waldwegen auflesen. Eine dritte Kleingruppe bettelt am Wochenmarkt nach Gemüseabfällen, die ansonsten weggeworfen würden (Äußere Kohlblätter, Möhrenkraut, fleckig gewordene Porreestangen, Kartoffeln mit Faulstellen). Diese Gemüseabfälle werden dann in den Wald gebracht, gemeinsam geputzt (Verwertbares von Nicht-Verwertbarem trennen) und für eine Gemüsesuppe bereitet. Andere Kinder bauen in der Zeit schon eine Kochstelle: Drei Steine bilden ein Quadrat mit drei Wänden; die Kuhle darunter wird vertieft, so dass man genügend Holz darunter schichten kann. Dann wird das Holz entzündet, die Suppe in einen feuerfesten Topf getan und dort solange gekocht, bis sie gar ist. Das Wasser kann man beim Förster „erbetteln", etwas Salz sowie Gefäße und Löffel zum Essen sollten die ErzieherInnen mitbringen. Nach ca. 90 Minuten (aber nur, wenn das

---

[1] Den Text zu dieser und der folgenden Projektidee verdanke ich dem Welthaus Bielefeld, wo die Broschüre "Dritte Welt im Kindergarten" bestellt werden kann, Tel. 0521/98648-0

Feuer ordentlich brennt!) ist die Suppe, die nichts gekostet hat, fertig und kann gegessen werden. Vielleicht können einige Kinder noch beim nächsten Bäcker nach „altem Brot" vom Vortag (als Beilage zur Suppe) betteln. Während die Suppe kocht, können die Kinder versuchen, ein Bündel Holz auf dem Kopf rund um die Feuerstelle zu balancieren, ohne die Hände zu Hilfe zu nehmen. Und wenn dann nach dem Essen alle müde sind (und das Wetter es erlaubt), kann man vielleicht im Wald zusammenliegen und einen Mittagsschlaf halten.

Arbeit und Geld verdienen schon in den frühsten Jahren bestimmt das Leben vieler Kinder in Asien, Afrika und Lateinamerika. Wir können an einem Vormittag diese Situation simulieren und ebenfalls versuchen zu arbeiten:

Eine Gruppe versucht sich als Schuhputzer vor dem Kindergarten; man braucht dafür einen Kasten mit Bürsten, Lappen und verschiedenen Schuhcremes sowie ein Fußbänkchen. Eine weitere Gruppe kann bei Behörden, Geschäften etc. nach Altpapier/alten Prospekten fragen und diese zu Fuß zur Altpapiersammelstelle bringen.

Eine Möglichkeit der Kinderarbeit besteht auch darin, auf Schmierpapier-Rückseiten Bananen zu malen und diese mit Buntstiften auszumalen. Wenn sie gut gelungen sind, kauft der Großgrundbesitzer (ErzieherIn) diese auf und gibt den Kindern dafür je eine Spielmarke. Für eine bestimmte Anzahl Spielmarken gibt es an diesem Tag Mittagessen im Kindergarten; wer zu wenig Spielmarken hat, erhält eben nur eine Scheibe Brot, eine kleine Portion Maisbrei o.ä. Danach sollte man darüber in der Gruppe sprechen.

-   Eine Gruppe malt Postkarten über „Kinder in der Dritten Welt"; wenn sie gut geworden sind, können sie an die Eltern verkauft werden.

-   „Leben wie in der Dritten Welt" kann auch bedeuten, dass sich die Kinder an einem Tag so kleiden, wie es die Kinder in einem bestimmten Land tun; dann wird ein Rezept aus dem Land ausprobiert und gemeinsam gegessen.

-   Möglich ist auch, gemeinsam aus Wollresten einen großen Teppich (Astrahmen) zu weben und diesen zu versteigern für einen guten Zweck.

- Anschaulich wird es, wenn ein Kind oder ein Erwachsener von seinen eigenen Erfahrungen in der Dritten Welt erzählt; das kann ein Kind aus einem solchen Land sein, ein Flüchtling, ein(e) ehemaliger EntwicklungshelferIn etc. Mitgebracht werden sollten Fotos, Plakate, Kleidungsstücke, Musikinstrumente, Spielzeug und Schmuck aus dem betreffenden Land. Kontakte vermitteln die örtlichen Dritte-Welt-Gruppen, Flüchtlingsinitiativen oder das Rückkehrerreferat des Deutschen Entwicklungsdienstes.

- Wenn sich „der Kindergarten" entschließen sollte, Entwicklungsprojekte für Kinder finanziell zu unterstützen, so besteht (bei vielen Organisationen) die Möglichkeit, eine(n) ReferentIn einzuladen, die über diese Projekte (z.B. bei einem Elternabend, ggfs. auch vormittags gegenüber den Kindern) berichtet.

3.1.3 Projektidee für den Sommer: Wasser ist Leben

In den ärmsten Ländern der Erde hat nicht einmal die Hälfte der Bevölkerung Zugang zu sauberem Trinkwasser. Während Frauen und Kinder weite Wege gehen, um das kostbare Nass zu holen, verschwenden und verschmutzen wir in den Industrieländern das Wasser im Übermaß. Das Projekt „Wasser ist Leben" will an den Wert und die Wichtigkeit des Wassers erinnern und an der Freude anknüpfen, die alle Kinder beim Spielen mit Wasser empfinden. Die einzelnen Vorschläge sind je nach den organisatorischen und technischen Voraussetzungen eher mit kleineren Gruppen umzusetzen; generell empfiehlt es sich, diese Projektvorschläge im Sommer aufzugreifen.

Vorschläge zur Gestaltung
Im Kindergarten wurde der Wasserhahn abgestellt. Die Kinder, die das zuerst bemerken, werden kommen, um dies zu melden. Damit beginnt das „Wasser-Projekt". Zunächst überlegen wir mit den Kindern, was denn jetzt ohne Wasser nicht mehr möglich ist, warum Wasser überhaupt wichtig ist?

Vielleicht finden wir irgendwo im Kindergarten noch Wasser: In einer abgestellten Gießkanne, in einer Mineralwasserflasche, in einer

Regentonne draußen. Wir überlegen gemeinsam, was wir damit am besten tun sollten.

Die Kinder ziehen los, um draußen nach Wasser zu suchen. In kleinen Gläsern bringen sie Wasser mit: Aus der Regentonne, aus einem Tümpel, vielleicht auch von einem Abwasserkanal eines Industriebetriebes oder auch von einer öffentlichen Wasserpumpe. Wenn Wald in der Nähe ist, wird sich vielleicht sogar eine Quelle finden lassen(Ortskundige vor). Die zurückgebrachten Gläser werden auf ein Fensterbrett in die Sonne gestellt. Nach ein paar Stunden werden wir sehen, welches Wasser lebt, Algen beherbergt oder auch nur „schmutzig" ist.

Der Wasserverbrauch in weiten Teilen der Dritten Welt beträgt ca. 16 Liter pro Haushalt; bei uns sind es rund 160 Liter. Um den Unterschied deutlich zu machen, sind draußen vor dem Kindergarten zwei Behältnisse aufgebaut: Ein altes Aquarium (oder zwei große Eimer), in das 16 Liter Wasser passen, und ein kleines aufblasbares Schwimmbecken, in das 160 Liter Wasser hineingehen. Alle Behältnisse – auch die Transporteimer – müssen sauber sein.

Die Kinder werden nun gebeten, wie in Afrika Wasser von einer Wasserstelle zu holen. Zu diesem Zweck rollt man ein altes Küchentuch wie eine Wurst, legt es sich auf den Kopf und setzt darauf den Wassereimer. Dieser muss dann balancierend zum Kindergarten gebracht werden. Die Wasserstelle kann ruhig 5 Minuten Fußweg vom Kindergarten entfernt sein; vielleicht mit Eltern eines Kindes vereinbaren, dass die Kinder kommen dürfen, um je einen kleinen(!) Spielzeugeimer Wasser dort zu holen. Die Eltern müssen helfen, den Eimer auf den Kopf zu stellen. Wer schafft es, möglichst wenig Wasser umzuschütten? Das Wasser wird im Kindergarten in das 16 l-Bassin geschüttet. Wenn alle Kinder einen Eimer Wasser gebracht haben, überlegen wir gemeinsam, was damit geschehen soll (Kochen, Blumen Gießen, Füße Waschen, Putzen oder Trinken?). Die meisten Kinder werden sich für das Trinken entscheiden.

Danach wird das große Becken (Schwimmbecken) mit Wasser aufgefüllt (Sollinhalt:160 Liter; das lässt sich z.B. durch 16 große Zehnlitereimer bewerkstelligen). Die Kinder betrachten die beiden Wasserbehälter (16 l bzw. 160 l) und dürfen sich vorstellen, sie müssten den Tagesbedarf einer deutschen Familie (160 l) mit Eimern herbeischleppen.

Ein Experiment, das eigentlich schon drei Wochen vor dem Projekttag beginnt, könnte auch zum Wasserprojekt gehören: Drei Schalen mit Kresse werden in unterschiedlichem Maße gegossen: Eine Schale gar nicht, die zweite normal und die dritte übermäßig. Wenn wir dies drei Wochen lang tun (der Gießdienst soll von den Kindern besorgt werden), können wir beobachten, was es heißt, wenn es (z.B. in einigen Teilen Afrikas) gar nicht regnet oder wenn der Regen als Sturzregen herunterkommt. Am Projekttag sehen sich die Kinder die drei Kresseschalen an und sprechen darüber.

Jetzt können die Kinder noch ein Spielzeugfloß bauen, wie es in vielen Teilen Asiens verwendet wird. Man braucht dafür ca. 20 cm lange Bambusstäbe oder Rundhölzer; sie werden auf die gleiche Länge zersägt. Quer über die 5-7 Stäbe werden dann noch flache Holzleisten (1-2 cm breit) geklebt und das ganze noch mit Bindfaden vertäut, damit das Floß beim Schwimmen nicht auseinander fällt. Auf das Floß kann man Spielzeugtiere aus Plastik setzen und das ganze dann schwimmen lassen.

Bevor das aber so weit ist, wird noch in der Sonne ein Bewegungsspiel gemacht. Wenn dann alle Kinder richtig durstig sind, bekommt jedes ein Glas des selbst herbeigeschleppten Wassers. Das schmeckt dann besonders gut.

Am Ende dürfen dann alle Kinder in das kleine Planschbecken und sich tüchtig nass spritzen; oder sie machen noch ein paar andere Wasserspiele.

3.1.4 Was heißt Projekt?

Von einem echten Projekt kann nur gesprochen werden, wenn folgende Merkmale wenigstens zu einem großen Teil und bis zu einem gewissen Grad erfüllt sind:

(1) Realitäts- und Handlungsbezug
Im Projekt geht es um Erleben sowie erfahrungsbezogenes Lernen, d.h. ein echtes Projekt ist immer lebensbezogen. Praxis im weitesten Sinne hat Vorrang vor „Theorie", was keine generelle Theorie-

feindlichkeit besagen darf. Die Projektbeteiligten „tun" (!) also etwas und machen erfreuliche, evtl. auch unerfreuliche Erfahrungen.

(2) Etwas hervorbringen
Kognitives Lernen und geistiges Arbeiten im herkömmlichen Sinne bringen zwar auch Resultate zustande, meist aber nur auf der geistigen Ebene. Im Projekt dagegen soll ein sichtbares, „handfestes" Produkt entstehen, von dem die Projektbeteiligten sagen können: "Das haben wir gemacht!"

(3) Fächer- und Sinnenvielfalt
Im Kindergarten sind wir nicht unbedingt fächerorientiert, wie z.B. in Mathematik und Musik, aber dennoch sollten solche Bildungsbereiche mit bedacht werden. Im Projekt sollen viele Dimensionen und Sinne der Beteiligten angesprochen werden und eine Rolle spielen. Kreatives Gestalten, Sprachen, Mathematik – Riechen, Schmecken, Hören, Tasten etc. – alles das soll nicht zu kurz kommen.

(4) Thema und Zielsetzung
Jedes Projekt hat ein Thema, einen Inhalt, also etwas, „woran gearbeitet" wird und was gelernt werden soll. Das Thema kann auf verschiedene Weise „gefunden" werden, z.B. über Werte und daraus hervorgehende pädagogische Ziele, aus dem geplanten „Lehrkanon", - evtl. auch situativ bei den Kindern oder durch ein besonderes Ereignis.

(5) Zeitliche Begrenzung
Ein Kriterium des Projekts ist der begrenzte zeitliche Rahmen, z.B. ein oder zwei Wochen o.ä. – je nachdem, was erreicht wurde und wie die Motivation der beteiligten Kinder ist. Es sollte aber das Prinzip gelten, dass die Projektbeteiligten „dabei bleiben", bis das Projekt zu Ende ist, wobei Ende und Ziel des Projektes eine gewisse Offenheit haben dürfen.

(6) Personenvielfalt
Projekte wirken in die Wirklichkeit, teils auch in die gesellschaftliche Wirklichkeit hinein und betreffen insofern durchaus auch andere Personen. Das ist immer mit zu bedenken. Man sollte aber auch „andere" als Experten, z.B. bei einem Waldprojekt den Förster oder Holzfäller, gezielt einbeziehen.

(7) Präsentation und Resonanz

Das Ergebnis des Projekts kann sich selber darstellen, je nachdem was hervorgebracht wurde, man kann es aber auch auf andere Weise, z.B. durch eine Ausstellung, durch einen Bericht in der Zeitung o.ä., präsentieren. Erfreulich ist immer, wenn Projekte eine positive Resonanz finden.

(8) Kosten und Finanzierung

Es gibt teure und kostspielige Projekte, oft aber auch solche, die kaum etwas kosten – und trotzdem viel taugen. Pädagogisch sinnvolle Projekte hängen nur zum Teil vom Geld ab.

(9) Zusammenarbeit und Erfolg

Für die einzelnen Beteiligten ist es wichtig, dass sie persönlich lernen, und zwar sozial wie auch individuell, u.a. auch kognitiv (Wissenszuwachs, Erfahrungserweiterung). Projekte führen oft zu sogenannten Schlüsselqualifikationen, z.B. sich selber etwas erarbeiten können, mit anderen etwas produzieren können, gemeinsames Problemlösen usw.

3.1.5 Methodisch-didaktische Hinweise

Wo fängt „Projekt" an, wo hört es auf?

Vieles kann auch schon Projektcharakter haben, ohne dass alle Merkmale erfüllt sind. Es gibt zahlreiche Zwischenstufen zum umfassenden Projekt hin. Alles, was Handlungsbezug hat, kann insofern auch schon etwas Projektcharakter haben und lebensbezogen sein. Man stelle sich ein Kontinuum vor vom reinen Gespräch, das natürlich keinen Projektcharakter hat, bis hin zum eigentlichen umfassenden Projekt mit allen Kriterien.

Von wem kommt die Projektidee?

Im Regelfall von der verantwortlichen Erzieherin, weil sie die Bildungsreflexion durchführt und die Entscheidung bezüglich der Werte und pädagogischen Ziele trifft. Wenn ihre Vorstellungen mit den Ideen der Kinder übereinstimmen, ist es optimal. Ansonsten wird sie die Kinder für das Projekt in kluger Weise motivieren. Sie trägt die Verantwortung für die Lernergebnisse.

Woher kommen die Themen und Inhalte?

Sie kommen von den lebensbezogenen Werten und pädagogischen Zielen; aus der örtlichen Umgebung der Einrichtung und Tradition; von dem Profil der Einrichtung. (Vgl. auch Entscheidungshilfen in Kapitel 3.3)

Wie viele Projekte soll es geben?

Wenn ich mich festlegen müsste, würde ich ca. acht pro Jahr sagen; das kommt aber ganz auf die Umstände an (Dauer, Motivation, Ereignisse etc.). Es kann auch ein Haupt- und „kleinere" Nebenprojekte geben, z.B.: Einige Kinder „bauen ein Schiff", während andere in einem Naturprojekt tätig sind.

Müssen alle Kinder sich am Projekt beteiligen?

Manchmal geht das gar nicht und ist auch nicht immer erforderlich. Allerdings sollten die Kinder im Prinzip dabei bleiben, wenn sie sich für ein Projekt entschieden haben.

Gibt es projektunfähige Kinder?

Eigentlich nicht. Allerdings hängt vieles von der Projekterfahrung der Kinder und dem klugen pädagogischen Verhalten der Erzieherin ab. Je nach Entwicklungsstand können die Kinder verschiedene Aufgaben übernehmen. Die Erzieherin muss pädagogisch begleiten.

3.1.6 Der Projektkalender

Projekte sind durchaus aufwändig, allein schon unter zeitlichen Aspekten. Sie dauern und nehmen Zeit in Anspruch. Sie sollen ein gewisses Spektrum an Themen und damit verbundenen Lebensbereichen abdecken. Im Lebensbezogenen Ansatz sollte es Naturprojekte, Eine-Welt-Projekte, Friedensprojekte, Traditions- und Kulturprojekte, evtl. Projekte zu den religiösen Festen oder zu den Jahreszeiten geben – usw. Wie soll man das alles aufeinander abstimmen? Ohne sich, die Kinder und die Arbeit zu verplanen?

Ich empfehle einen Projektkalender, der eine grobe und offene Planung für das Jahr vorsieht und auf der einen Seite die Monate zum Ausdruck bringt und auf der anderen Seite die lebensbezogenen Themenbereiche, aus denen die Themen und Inhalte herrühren. Ein derartiger Projektkalender könnte etwa so aussehen:

	Ökologie/ Natur	Eine-Welt/ Solidarität	Friede/Soziales Verhalten	Tradition	Kreativität/ Kunst
Januar					
Februar					
März	x				
April				x	
Mai					
etc.					

Der Vorteil des Projektkalenders besteht u.a. darin, dass die wichtigen Bildungsbereiche des Lebensbezogenen Ansatzes abgedeckt sind und z.B. nicht eine rein Jahreszeiten-orientierte Einrichtung entsteht. Das wäre nicht in ausreichendem Maße „lebensbezogen", weil es zu einseitig wäre. Jahreszeiten und traditionelle Feste, die durchaus auch Projektcharakter erhalten sollten, können durch den Projektkalender mit bedacht werden. Bei der mit dem Projektkalender verbundenen Offenheit gibt es genügend Raum für spontane Ereignisse und situative Begebenheiten, die es evtl. aufzugreifen gilt, falls sie mit den Bildungsabsichten der Erzieherin vereinbar sind.

3.2. Aktivitätsangebote im Lebensbezogenen Ansatz

Mit dem Begriff „gezieltes Aktivitätsangebot" ist hier im Wesentlichen das gemeint, was in der traditionellen Pädagogik als „Beschäftigung" bezeichnet wird. Im Vergleich mit Freispiel und Projekt, also den beiden anderen wichtigen Bestandteilen aller Kindergartenpädagogik, hat das gezielte Aktivitätsangebot eher „Unterrichts- oder Lehrcharakter", vor allem was die Vorbereitung und den gezielten Einsatz anbetrifft. Deshalb haben wir aber noch keinen „verschulten" Kindergarten.

Wir können prinzipiell zwei Arten von Angeboten unterscheiden: das freie und das projektbezogene. Bei diesem „passt" das Aktivitätsangebot zum Projektthema. Hat das Projekt als Thema „Wir sind Kinder einer Welt", dann kann das Lied oder Bilderbuch sich auf das „Anderssein" beziehen und die gleichen Ziele verfolgen. Das muss aber gewiss nicht immer der Fall sein, sondern es kann und soll auch freie, d.h. projektunabhängige Angebote geben. Diese sollen natürlich Sinn machen und möglichst auch lebensbezogene Bildung bewirken können. Bei der Auswahl sollte aber nicht Strenge vorherrschen, sondern Offenheit. Warum sollte die Erzieherin nicht auch einmal den Kindern Verse, Gedichte, Lieder, Geschichten o.ä. anbieten, die ihr einfach gefallen und Kindern Freude bereiten. Nur sollte das nicht die Regel und das leitende Prinzip der Bildung sein, sonst ist es zu beliebig.

3.2.1 Methodisch-didaktische Hinweise

Zur Vorbereitung eines Angebotes können die folgenden Fragen bedacht werden und dienlich sein:

- Für wie viele Kinder ist das Angebot möglich bzw. gedacht?

- Was tun in der Zeit die anderen Kinder?

- Wo findet es statt und wie viel Zeit dauert es?

- Welche eigene Einarbeitung ist nötig? Was muss ich selbst durchprobieren?

- Welche Wiederholungen und Vertiefungen sind nötig?

- Welche Erlebnisse ergeben sich für die Kinder? Nehmen sie das Angebot mit Freude auf oder wie muss ich motivieren?

- Brauche ich Helfer für die Durchführung des Angebotes?

- Was geschieht mit den Werken der Kinder? Wo können sie aufbewahrt werden, und zwar würdigend für jedes einzelne Kind?

- Alle Angebote sollten jedem Kind genügend individuellen Spielraum lassen, um sein(!) Werk hervorzubringen. Nur wenn das Kind sein Werk hervorbringt, kann es seine Kreativität entfalten. Es sollte seinen Weg gehen können.

3.2.2 Beispiele von Aktivitätsangeboten:

Tiere im Wald – Angebot an einem Waldtag

Die Erzieherin beginnt mit einem Ratespiel: Sie beschreibt den Kindern die Eigenheiten eines bestimmten Waldtieres. Sobald die Kinder wissen, um welches Tier es sich handelt, sollen sie einen Finger an die Nasenspitze legen.

Nach dem Ratespiel zeigt sie den Kindern einen Fichtenzapfen, den sie mitgebracht hat. Gemeinsam wird beraten, um was für einen Zapfen es sich handelt. Sie erklärt den Kindern, dass Tannenzapfen als Ganzes gar nicht vom Baum fallen, sondern nur seine einzelnen Schuppen. Also muss es sich bei dem mitgebrachten Zapfen um einen Fichtenzapfen handeln. Sie erzählt, wie das Eichhörnchen auf einen Baum klettert, sich dort den Fichtenzapfen abbricht, um dann am Boden die einzelnen Schuppen abzubeißen. Bei dieser Gelegenheit kann sie den Kindern sowohl die einzelnen Schuppen, als auch die Fressgewohnheiten eines Eichhörnchens, im Gegensatz zu einer Maus, demonstrieren.

In diesem Moment hört man einen Raben krächzen. Das wird sogleich als Anlass genommen, zu klären, um was für ein Tier es sich hier handelt. Als nächstes bekommt jedes Kind eine Frucht, z.B. Kastanie,

Eichel, Zapfen, Buchecker aus dem Nahrungsbestand des Eichhörnchens in die Hand gelegt. Die Kinder sollen nun aufmerksam im Wald herumlaufen und wie ein Eichhörnchen nach „ihrem Futter" Ausschau halten. Sobald sie es gefunden haben, sollen sie zu der Erzieherin zurückkehren.

Ziele hierbei sind: Wissen vermitteln über die Nahrungsaufnahme des Eichhörnchens sowie das Unterscheidenkönnen zwischen Fichten- und Tannenzapfen.

-   Der Sehsinn wird gefördert.

-   Der Gehörsinn wird gefördert: das Gekrächze soll einem Raben zugeordnet werden.

-   Vorbereitung auf die Schule: kein willkürliches Reinschreien, sondern Handzeichen;

-   Spielerisches Lernen.

Baumringe – Angebot an einem Waldtag

Die Erzieherin hat eine Baumscheibe in der Hand, die sie den Kindern zeigt. Nachdem die Kinder nicht gleich erfassen, was die Jahresringe auf der Baumscheibe bedeuten, beginnt die Erzieherin ihnen den Zweck der Ringe zu veranschaulichen. Nach der Frage, wo bei uns Menschen das Herz liegt, antworten die Kinder richtig: „Ganz da drin" und deuten auf die Stelle ihrer Brust, wo sie ihr Herz vermuten. Daraufhin erklärt ihnen die Erzieherin, dass das Herz des Baumes überall ist, „den ganzen Stamm hoch", und von der umgebenden Rinde geschützt wird.

Anschließend spielen die Kinder den „anatomischen" Aufbau des Baumes nach: ein Teil der Kinder bildet den Kern, das Herz, außen herum finden sich die restlichen Kinder zu einer Rinde zusammen. Die Erzieherin zeigt nun den Kindern, was passiert, wenn der Baum durch verschiedene äußere Faktoren angegriffen wird. Zuerst spielt sie einen Borkenkäfer, der sich durch die Rinde bis in das Innere des Baumes durchfrisst. Danach zeigt sie, was passiert, wenn man mit einem Taschenmesser die Rinde des Baumes verletzt: nacheinander schneidet sie die einzelnen „Rindenkinder" vom Baum ab, bis nur noch das Herz übrig bleibt. Nun ist der Baum sehr verletzbar, da er keine schützende Rinde mehr um sich hat. Ein Borkenkäfer hat jetzt leichtes Spiel.

Ziele hierbei sind: Wissen vermitteln über den Aufbau eines Baumes und dessen Wachstum.

- Durch die eigene Darstellung der Kinder soll der Bildungsinhalt besser begriffen werden und sich durch das eigene Tun gut im Gedächtnis einprägen.

- Jeder muss seinen Teil dazu beitragen, dass der Baum bildlich entstehen kann (Kooperation).

- Umgang mit der Natur: eigenes Handeln soll reflektiert werden und die Kinder sollen erkennen, dass sie Verantwortung für die Natur tragen: verletzten sie die Rinde des Baumes mit einem Taschenmesser, wissen sie nun, dass er angreifbar für Käfer wird. (Die Ideen zu diesen Angeboten verdanke ich Susanne Lotz und Angelika Thoma.)

3.3 Entscheidungshilfen für die Auswahl der Themen und Inhalte

Dies ist einer der heikelsten Punkte der Bildung im Kindergarten, nämlich die Frage: Welche Rolle spielen die Inhalte und wie finde ich die Themen. Abgeleitet aus den Werten und pädagogischen Zielen spielen im Lebensbezogenen Ansatz die Bildungsthemen vor Ort, also doe Inhalte, an denen die Kinder sich bilden sollen eine wichtige Rolle. Im Folgenden möchte ich die zentralen Kriterien für die Entscheidungsfindung vorstellen, wobei nicht immer alle Punkte erfüllt sein müssen.

(1) Sinn und Lebensperspektive
Der Mensch ist das nach Sinn fragende Wesen. Wir suchen Sinn in unserem Leben und brauchen ihn. Das den Sinn unseres Daseins betreffende Bedürfnis bezeichnen wir auch als Selbstverwirklichung. Wo Menschen sich selbst erfüllen können, sehen sie einen Sinn und wird ihr Leben sinnvoll.

In der Bildung des Lebensbezogenen Ansatzes befinden wir uns damit an der wichtigsten Stelle; denn bei „Leben" drängt sich unwiderstehlich die Frage nach dem „Sinn des Lebens" auf. Die Menschen haben sich seit je her diese Frage gestellt, und sie haben sie unterschiedlich beantwortet. Das Leben des Menschen kann sinnvoll sein (dann ist es voller Sinn), es kann aber auch sinnlos sein bzw. werden; dann ist es schal, und der Mensch kann verzweifeln. Was hat das mit Bildung, Bildung im Kindergarten zu tun? Sehr viel.

Für ein sinnerfülltes Leben eines Menschen wird in seinen ersten Lebensjahren der Grundstein gelegt; denn hier entscheidet sich, ob ein Mensch Freude an seinem Tun gewinnt und gerne etwas tut (Leistungsmotivation); hier werden Sprachen und Kommunikationsfähigkeit gelernt, Kreativität, Selbstbewusstsein usw. – also lauter Voraussetzungen eines sinnverfüllten menschlichen Lebens. Deshalb und insofern müssen wir in einer lebensbezogenen pädagogischen Arbeit unsere Inhalte und Methoden auf die Sinnfrage hin bedenken. Es kann so formuliert werden: Hat dieses evtl. vorgesehene Projektthema (dieser Inhalt), dieses in Frage kommende Angebot (die Beschäftigung), dieses didaktische Spiel, diese

Geschichte im Bilderbuch, dieses Märchen, diese religiöse Geschichte etc. etc – enthält dieses einen Sinn im Hinblick auf die Lebensperspektive des Kindes?

(2) Bedeutung für die Zukunft und das Leben der Kinder überhaupt

Kinder leben- und das macht wohl auch gerade glückliche Kindheit aus – stark in der Gegenwart, und zwar je jünger desto mehr. Wir kennen alle das tief versunken spielende Kind, das alles um sich herum vergisst. Man könnte es gleichsam wegtragen, ohne dass es es merken würde. Es ist nicht in Sorge um die Zukunft, wie könnte und warum sollte es auch? Selbstverständlich haben wir dem Kinde dieses sein Glück zu lassen und es nicht zu be-sorgen, sprich: ihm mit Sorgen zu kommen.

Die Sorge ist aber die Sache der Erziehung. Die verantwortlichen Erzieherinnen tragen Sorge für die Zukunft des Kindes, und sie haben eine erhebliche Verantwortung für sein gelingendes Leben in der Zukunft. Das Kind schaut noch nicht in die Zukunft, aber an seiner Statt muss es die Erzieherin tun. Sie wird, stellvertretend für es, die vorweggenommene Zukunft vor sich haben und dem Kind demgemäß Bildung angedeihen lassen. Lebensbezogenheit erwartet dieses von ihr.

Zukunft kann verschieden gemeint sein: nahe Zukunft, ferne oder sehr ferne. Wir haben die Aufgabe, auf die näherliegende Zukunft des Kindes zu schauen und uns die Frage zu stellen, was es im Hinblick auf diese hat und was es braucht. So schwierig und manchmal waghalsig es sein mag, Zukünftiges zu antizipieren, wir sind pädagogisch dazu verpflichtet. Wer wollte z.B. die Verantwortungslosigkeit begehen, bei einem Kind mit Entwicklungsdefiziten nicht an dessen Zukunft zu denken und alles zum zukünftigen Glück des Kindes Erforderliche zu tun, und zwar zu tun, indem man selber es aktiv in die Hand nimmt.

Im Lebensbezogenen Ansatz wird – im Sinne eines globalen Denkens – auch an die Zukunft der Menschheit und der Erde gedacht und eine entsprechende ökologische Wertereflexion durchgeführt. Das zukünftige Leben der Menschheit wird als Wert gesehen, und dementsprechend bestimmt die Erzieherin zielorientiert Bildungsthemen, mit denen die Kinder sich selber zur Wertschätzung des Lebens aller führen.

(3) Gesellschaftliche bzw. traditionelle Relevanz

Der Lebensbezogene Ansatz beachtet u.a. auch das Leben als Tradition sowie in seinen gesellschaftlichen Zusammenhängen. Wenn traditionelle Sitten und Gebräuche, Feste und Feiern in bestimmten Regionen eine so große Bedeutung haben, dass mehr oder weniger alle im gesellschaftlichen Umfeld davon tangiert und damit befasst sind, dann wird dieses zur Motivation für die Bestimmung als Bildungsgegenstand. In der Bildungseinrichtung wird man sich dann sehr wohl überlegen müssen, ob etwa gegen den Strom geschwommen werden kann, selbst wenn man von bestimmten Traditionen persönlich nicht so sehr überzeugt sein mag.

Menschliches Leben ohne Traditionen ist nicht denkbar. Bildung ebenfalls nicht. Allerdings müssen wir in der Bildungsreflexion die Traditionen auf ihren Bildungsgehalt hin untersuchen und bestrebt sein, ihnen für unsere Kinder Bedeutsames abzugewinnen. Erst dann verdienen solche Inhalte eigentlich zu Bildungsgegenständen erhoben zu werden.

Feste und Feiern können durch gesellschaftliche Entwicklungen und Trends auch negative Elemente erhalten, wenn sich z.B. mit Weihnachten in erster Linie Konsum und Geschäft verbindet und der ursprüngliche Sinn verloren gegangen ist. Hier sei der lebensbezogene Kindergarten ermuntert, auf Grund seiner Bildungsreflexion und seiner gezielten Bildungsarbeit, den Kindern den tieferen Sinn eines solchen Festes aufzutun, besser: dafür zu sorgen und so zu arbeiten, dass sich den Kindern selber der tiefere Sinn erschließt. Die Erzieherin muss sich vorher selbst um den tieferen Sinn mühen.

(4) Profil und Eigenschaften

Manche Themen und Inhalte ergeben sich auch alleine schon deshalb, weil es sich um eine Einrichtung mit einem bestimmten Profil handelt. Dass ein Sportkindergarten besonderen Wert auf Bewegung und damit verbunden dann Bewegungsprojekte legt, versteht sich von selbst, wobei das allein selbstverständlich noch keine umfassende Bildung ausmacht. Ein Naturkindergarten wird keine Schwierigkeit haben, sich für ökologische Themen und Inhalte zu entscheiden und die Kinder sich daran - erlebend – bilden zu lassen. Entsprechendes gilt für einen

Waldkindergarten oder eine Waldgruppe. Das Gleiche gilt für den konfessionellen Kindergarten im Hinblick auf die religiösen Feste und Feiern. Das eigene Profil der Einrichtung kann über solche Schwerpunkte gut zum Ausdruck gelangen. (Man spricht auch von einem sogenannten Proprium einer Einrichtung, vom lateinischen Wort proprius = eigen. Das bedeutet aber in etwa das Gleiche wie Profil.)

Dass manche solcher Schwerpunkte oder Profile auch ein Problem darstellen können, je nach Ausprägung und evtl. Vereinseitigung, liegt auf der Hand. Andererseits kann niemand alles tun. Viele Einrichtungen wurden sogar aufgefordert, im Rahmen der Konzeptionsentwicklung sich ein entsprechendes Profil zuzulegen. Der definitive Entscheidungsaspekt, vor allem auch über das methodische Vorgehen, ist natürlich so noch nicht gegeben.

(5) Verselbständigung

Alle gute Pädagogik ist immer auch auf Verselbständigung der Kinder bedacht und insofern immer auch durchaus emanzipatorisch – also loslassend, und nicht das Gegenteil. Ob die Formel lautet „Hilf mir, es selbst zu tun" oder ob dafür plädiert wird, das pädagogische Verhältnis zwischen Erzieherin und Kind so zu gestalten, dass es sich selber überflüssig macht – immer geht es um Hilfe zur Selbsthilfe. Immer geht es um Verselbständigung über Bildung.

Dem dient nicht nur der gesamte Erziehungsstil der Personen in der Einrichtung, sondern es sollten auch verselbständigende Themen behandelt werden, wo die Kinder erleben, dass es schön ist, allmählich allein klar zu kommen. Ob es das eigenständige Anziehen ist, oder das Zähneputzen, oder sich allein im Kindergarten auszukennen, oder den Heimweg allein zu bewältigen – alles das kann diesem Bildungs- merkmal dienen, wobei erfreulich ist, wenn auch gezielt ein Verselbständigungsprojekt durchgeführt werden kann.

(6) Realisierbarkeit

Sowohl in persönlicher als auch in sachlicher Hinsicht ist die Frage wichtig, inwieweit der ins Auge gefasste Inhalt ohne größere Schwierigkeiten im Sinne der lebensbezogenen Bildung umsetzbar ist. Bei manchen Themen wird sich die Bildungsperson, die Erzieherin, selber erst einmal mit dem Thema befassen und evtl. anfreunden müssen, bevor es behandelt oder auch nicht behandelt wird.

64

Wenn es in einem Kindergarten um die Frage geht, ob ein HIV-infiziertes Kind aufgenommen wird oder nicht, dann wird nicht jede Erzieherin dazu von vornehrein eine ausgewogene Position haben. Eine andere würde es eventuell problemlos thematisieren wollen und können. Als die Kinder 1986 wegen der Atomkatastrophe von Tschernobyl nicht in die Sandkästen durften und bei allen Beteiligten Ängste entstanden - Kinder, Eltern und Erzieher – musste gefragt werden, was zu tun sei. Auch die sachliche Umsetzung muss bedacht werden, wobei ein Thema bei ausreichender Kreativität der Erzieherin auch dann behandelt werden kann, wenn die Voraussetzungen nicht gerade vor der Tür liegen. Das Thema Türkei und Islam wurde in einem katholischen Kindergarten so bravourös behandelt, obwohl kein türkisches Kind in der Gruppe war. Man holte sich eine türkische Mutter in den Kindergarten und ließ diese mit den Kindern den Einstieg in das Projekt durchführen, indem sie voller Freude und mit guter Anschaulichkeit aus ihrer Kindheit erzählte.

(7) Elementarisierbarkeit

Die pädagogische Kindergartenarbeit wird auch als Elementarpädagogik bezeichnet. Dabei stellt sich die Frage, inwieweit es überhaupt möglich und sinnvoll ist, komplexe Themen aus Leben und Welt auf die Ebene der Kinder herunterzubrechen, sprich: zu elementarisieren. Manchmal wird auch die These vertreten, man könne jedweden Gegenstand auf jeder Ebene mit Kindern behandeln, wenn es nur ehrlich und redlich geschähe. Das ist fast ganz zutreffend, allerdings gilt es dabei achtsam zu sein und nicht zu vergessen, dass wir es mit kleinen Kindern im Alter unter sechs Jahren zu tun haben. Zunächst müssen die Bildungsthemen darauf hin geprüft werden, ob sie mit den lebensbezogenen Werten und Zielen übereinstimmen, und dann, ob sie auf die Stufe der Kinder in diesem Alter heruntergezogen werden können. Lässt sich das mit einiger Gewissheit bejahen, dann sind sie auch elementarisierbar; dann kommen sie also, was dieses Kriterium anbetrifft, in Frage.

Es gibt auch Themen, bei denen sich die Frage der Elementarisierbarkeit gar nicht stellt, weil sie behandelt werden müssen, da die Kinder „so voll" davon sind, dass man mit anderen Themen kaum Erfolg haben wird.

(8) Projektgeeignetheit

Im Lebensbezogenen Ansatz wird großer Wert auf die Projektmethode gelegt, u.a. deshalb, weil diese eine er-lebende Bildung ermöglicht. Insofern ist es für die Bestimmung der Themen und Inhalte erfreulich, wenn sie projektgeeignet sind. Wann ist das der Fall und wann nicht? Auch hier ist selbstverständlich die Kreativität des pädagogischen Fachpersonals gefragt und maßgeblich. Im Übrigen müssen nicht immer alle Projektkriterien gegeben sein, um von einem Projekt zu sprechen. Wenn z.B. ein sichtbares Produkt am Ende des Projektes steht, ist es erfreulich. Deshalb muss dies jedoch nicht gleich als zwingend angesehen werden. Eine Erzieherin möchte mit ihren Kindern das Projekt „Haustiere" durchführen, exemplarisch denkt sie an den Hund. Nun fragt sie sich, was am Ende stehen könnte. Manchmal reicht es auch aus, wenn am Schluss des Projektes eine Stellwand, eine Wanddokumentation am Gruppenraum, ein Zeitungsbericht o.ä. resultiert. Am wichtigsten ist sowieso die Bildung der Kinder. Allerdings freuen diese sich auch über sichtbare Ergebnisse.

(9) Ethisch vertretbar

Nicht jeder Inhalt kann unter bildungsreflexiven Aspekten Bildungsgegenstand werden. Dazu muss ihm zuerst einmal vom Erzieher und Bildner das entsprechende Bildungspotenzial zuge-sprochen werden.

Eine andere Frage ist, ob es überhaupt, ethisch gesehen, vertretbar ist, Kinder mit dem betreffenden Inhalt zu konfrontieren oder ob es gar geboten ist, es zu tun. Eine Erzieherin stellte sich immer wieder die Frage, ob sie es vertreten könne, mit den Kindern über den Tod zu sprechen. Eine andere diskutiert im Team, ob sie gezielt Sexualerziehung mit genauer Informationsvermittlung durchführen dürfe. (Leider ist dieses Thema in unseren Kindergärten ein ziemliches Defizit geworden.) Die nächste Erzieherin überlegt, ob sie das Thema „Träume und Schlaflosigkeit" mit ihren Kindern behandeln könne.

Bei genauerem Überlegen wird man vermutlich zu der Erkenntnis gelangen, dass es meistens nicht ganz einfach ist, bei einzelnen Themen so ohne Weiteres zu sagen, sie seien ethisch nicht erlaubt. Allerdings ist dies dann ziemlich eindeutig, wenn es sich um irgendwelchen Schund handelt oder wenn evident ist, dass sie den lebensbezogenen Werten zuwiderlaufen.

(10) Exemplarische Bedeutsamkeit

Bei diesem Entscheidungskriterium für die Auswahl der Bildungsthemen gehen wir davon aus, dass – rein theoretisch gesehen – zunächst einmal jeder Inhalt zum Bildungsinhalt werden könnte und dass man allein schon deshalb Entscheidungsmerkmale haben muss. Aber selbst wenn man sich auf einen Bildungsbereich, z.B. Bäume, Tiere, Pflanzen usw. begrenzen würde, dann ständen ja doch wiederum zahlreiche Gegenstände zur Wahl und die Fülle wäre nach wie vor viel zu groß. Oder nehmen wir an, jemand sagt sich, dass das Erlernen von Solidarität und Helfen wollen sehr wichtig sei und dass dieses am besten über das Kennenlernen großer Gestalten und Persönlichkeiten vor sich gehen könne. Welche Gestalt sollten wir dann auswählen, wo doch so viele wichtig und interessant sein könnten. Hier setzt die Didaktik mit dem Prinzip des Exemplarischen ein; der Grundgedanke ist, dass einer der Inhalte für viele stehen kann und diese gleichsam vertritt. Das ist allerdings nur möglich, wenn der ausgewählte exemplarische Inhalt auch wirklich typisch ist und typische Merkmale der durch ihn zu vertretenden Gegenstände aufweist. So kann „Der Hund" für Haustiere stehen. „Der Apfel" kann für das Thema „Obst" exemplarisch sein. St. Martin für „Helfen und Teilen" etc.

Das Prinzip des Exemplarischen muss in unserem Kindergarten viel mehr Verbreitung finden, weil es so gut wie unbekannt ist, andererseits aber eine so große Bedeutung besitzt.

(11) Bedeutung für diese unsere Kinder

Wie so viele der hier behandelten Entscheidungsfragen, so ist auch dieses Kriterium nicht leicht zu handhaben. Dass die situativen und regionalen Gegebenheiten in der Bildungsarbeit relevant sind, liegt auf der Hand. Nur: inwieweit und mit welchem Ausschlag. Lebensbezogene Pädagogik beabsichtigt das Gegenteil eines unangemessenen Regionalismus, hat aber auf der anderen Seite viel übrig für das Traditionelle und Heimatliche der Kinder, und zwar deshalb, weil es „ihr" Leben betrifft. Dem steht allerdings immer die Weltperspektive gegenüber, verbunden mit dem Anspruch auf den globalen Blick.

Am besten wird das hier gemeinte Merkmal getroffen, wo sich die regionalen Aspekte mit den globalen vereinen lassen, wie etwa dann, wenn Kinder aus regionalen Gründen im Kindergarten bereits Französisch lernen (wie z.B. an der Grenze zum Elsaß), wir aber andererseits sagen können, dass die Kompetenz einer solchen Weltsprache geradezu eine weltbürgerliche Perspektive eröffnen kann. Allerdings ließe sich auch an den betreffenden Grenzen eine Entscheidung für kulturelle Inhalte mit den entsprechenden Sprachkompetenzen etwa im Hinblick auf das Dänische, das Sorbische, das Holländische etc. legitimieren.

Gar nicht im Sinne des Lebensbezogenen Ansatzes wäre es, wenn eine Einrichtung sich im Zusammenhang mit den Bildungsthemen sagen würde: Wir behandeln keine Themen, die „fern liegen", z.B. Türkei, Afrika o.ä., weil wir keine Kinder von dort haben und unsere Kinder keinen Bezug dazu haben. Der Bezug zu ferner liegenden Themen und Fragen soll in der lebensbezogenen Arbeit ja gerade hergestellt werden. Themen aus der Ferne sollen hergeholt werden, um sie den Kindern nahe zu bringen, damit sie diese sich aneignen können. Allerdings immer, insofern es sich um lebensbezogene Inhalte handelt.

(12) Die Motivierbarkeit der Kinder
Es wird nicht viele Themen und Inhalte geben, für welche wir die Kinder gar nicht begeistern können. Erzieherinnen freuen sich oft, und manchmal wird es geradezu zum Prinzip erhoben, wenn Kinder an bestimmten Dingen so großes Interesse haben, und das auch noch über längere Zeit. Das muss aber bildungskonzeptionell nicht immer das Beste sein. „Die Kinder haben ewig lange das und das gespielt", heißt es oft, z.B. „Dinos" o.ä. Die Erzieherin muss klug erwägen, wann und wie lange sie Kinder „spielen lässt" – und wo evtl. ein gezieltes Bildungsangebot, das inhaltlich ganz anders ist, als das, woran Kinder Interesse haben, zu machen ist. Dieser Punkt kann nur in der Wirklichkeit entschieden werden. Theoretisch gesehen müssen während des gesamten Bildungsjahres die Themen des Lebensbezogenen Ansatzes abgedeckt werden und zum Tragen kommen. Dafür ist die Erzieherin zuständig und verantwortlich. Ein Kindergarten ohne ein einziges Bildungsthema (Projekt oder Angebot) aus Ökologie, Frieden und Eine-Welt wird insofern nicht gut abschneiden.

Im Lebensbezogenen Ansatz wird neben dem relativ freien und den völlig freien Aktivitäten der Kinder im Freispiel viel Wert auf intentional ausgewählte und individuell durchgeführte Angebote gelegt. Die Erzieherin ist dabei Methodenexpertin, allerdings müssen es er-lebende Methoden sein.

Bildung besteht gerade nicht darin, sich nur mit dem bereits vor den Füßen Liegenden zu befassen, das ich schon (halb) besitze, sondern mit dem, was mir noch ferner ist und das Bildungspersonen mir, kunstvoll und sensibel, vermitteln können. Das sollte ihre Kunst sein – ihr Können.

3.4 Die Bedeutung des Freispiels

Zu den wichtigsten Aufgaben der Erzieherin im Freispiel gehört nicht nur die Beobachtung, sondern immer wieder auch die begleitende Aktivität. Nur dann werden Kinder in ausreichendem Maße wirklich gefördert. Im Folgenden werden drei Beispiele vorgestellt, in denen sich Erzieherinnen beim Freispiel im Rahmen des Projektes „Bäckerei" sehr unterschiedlich verhalten. Es gibt dabei durchaus ein „Falsch" und „Richtig".

3.4.1 Drei Beispiele zum Thema "Bäckerei"

Fall A: Die Erzieherin macht als Einstieg mit etwa der Hälfte der Gruppe eine Exkursion zum Bäcker. Sie hat alles so gut vorbereitet und mit der Bäckerei abgesprochen, dass die Kinder ein schönes Erlebnis haben und sich mit allen dort Tätigen ausführlich unterhalten können, vor allem Fragen stellen und Dinge handhaben können. Die passenden Materialien im Kindergarten sind vorbereitet, damit die Kinder sich weiter mit dem Thema „Bäckerei" befassen. Sie tun dies intensiv und über eine längere Zeit. Vor allem kann man überall in der Gruppe auch Rollenspiele mit dem Inhalt „Bäckerei" beobachten.

Fall B: Ebenfalls Thema „Bäckerei". Hier nimmt die Erzieherin als Ausgangspunkt für ihr Thema das Gespräch. Ihr Engagement stellt sie in diesem Fall besonders unter Beweis, indem sie bei den Rollenspielen der Kinder mittut. Sie und ihre Kollegin lassen sich ganz konkret und aktiv auf bestimmte Rollen zum Thema „Bäckerei" ein, geben Anleitungen und Anweisungen, bringen klärende Fragen ein, äußern Zufriedenheiten und Unzufriedenheiten der Kundschaft in der Bäckerei, ebenfalls Freundlichkeit und Dankbarkeit, begeben sich mit anderen Kindern über Hunger und Elend in der Welt ins Gespräch, machen in ihren Rollen Vorschläge, wie man viel Hunger verhindern könnte. Die Erzieherinnen spielen ihre Rollen gleichsam als vermittelnde Mitglieder – sie vermitteln auch Wissen, so dass die Kinder anschließend wirklich gut Bescheid wissen. Eine Exkursion führen sie nicht durch.

Fall C: Desgleichen „Bäckerei". Auch diese Erzieherin macht den Einstieg in der Bäckerei vor Ort, also lebensbezogen. Alle in Betracht kommenden Kinder gehen mit in die Bäckerei. Für alle wird es ein schönes Erlebnis. Alle dürfen mit jedem reden, Fragen stellen und sich Auskünfte einholen – hantieren. Der Gruppenraum im Kindergarten ist passend vorbereitet. Das in der Bäckerei begonnene Thema lebt quasi im Kindergarten weiter, und zwar über einen längeren Zeitraum. Die Erzieherinnen wissen um die verantwortungsvolle und anspruchsvolle Aufgabe während des Freispiels. Deshalb interagieren sie, indem sie selber Bäcker spielen, Teigzutaten bereitstellen, diese mit den Kindern benennen, probieren, mischen, kneten, ausrollen und verzieren und schließlich backen. Sie üben also selber bestimmte Rollen aktiv aus, allerdings ohne selber zu sehr zu dominieren.

In welchem Fall, also bei welchem Vorgehen, werden die Kinder nun am wirksamsten gefördert? In Beispiel C. – Die Kinder erhalten hier, aufs Ganze gesehen, die meisten und besten Fördereffekte. Beispiel C enthält die drei zentralen Elemente: Erleben in der Realität, Rollenspiele mit vorbereitetem Material und engagierte Beteiligung der Erzieher. Sehr wichtig ist, dass die Erlebnisexkursion am Anfang steht – und nicht gleichsam den Höhepunkt im Verlaufe der Behandlung des Themas darstellt, – weil sich so für alle Kinder eine in etwa ausgeglichene Wissensbasis ergibt, über welche auch die Erzieher genaue Kenntnisse besitzen. Ebenfalls sehe ich es als Vorteil an, dass das Erleben, und zwar das aktive Erleben in der Wirklichkeit, am Anfang steht. Nichts dagegen, dass mit Kindern Gespräche geführt werden – es darf aber nicht das Prinzip und die Regel sein –, jedenfalls wäre es alles andere als lebens- und erlebnisbezogen. Ein nicht zu übersehender Vorteil ist auch das nachfolgende Erleben in der Gruppe. Der hier praktizierte Ablauf hat weiter den sehr großen Vorteil, dass auch die von zu Hause aus noch nicht so kenntnisreichen Kinder, also die von der Familie her benachteiligten, im Spiel wichtige und attraktive Rollen übernehmen können; denn nur wer genügend weiß, kann überhaupt Rollen gut ausfüllen und wird darin auch von den anderen Kindern akzeptiert; im anderen Falle sind immer die „gebildeteren" auch die schnelleren, wenn es um die Verteilung der Rollen geht. Man weiß aber, dass je nach den Rollen, welche die Kinder im Spielen übernehmen, auch die Effekte in der Steigerung der Kommunikations- und Spielfähigkeit verschieden sind.

Wir dürfen nicht so verfahren, dass genau die Kinder, die es von ihren familiären Hintergründen her „am wenigsten nötig haben", zusätzlich am meisten gefördert werden – und zwar auf Kosten derjenigen, die für ihr Leben der Chance des Kindergartens am meisten bedürfen.

Die Erzieherinnen brauchen klare Vorstellungen darüber, was ihre Rolle im didaktisch begleiteten Rollenspiel während des Freispiels ist.

3.4.2 Aufgaben der Erzieherin im Freispiel

Was sollen Fachkräfte bei einem pädagogisch und didaktisch sinnvoll begleiteten Freispiel tun? – Was sollten sie lassen?

Wir müssen die Kinder im freien Spiel auch pädagogisch begleiten. Der Ausdruck der pädagogischen (!) Begleitung gibt sehr treffend wieder, um was es geht, nämlich: dem anderen die Richtung zwar überlassen, aber auch pädagogisch – von pais (griechisch) = das Kind – und agein (griechisch) = führen – tätig sein. Also: Nicht zu sehr lenkend, aber auch keineswegs sich völlig raushaltend. Dazu gebe ich 10 Grundregeln an.

(1) Umgebung vorbereiten

Raum, Materialien animativ wirken lassen. - Das wissen alle Kindergartenfachleute: wie wichtig es ist, den Raum anregend zu gestalten. Man muss spüren, dass es ein didaktisch organisierter und gestalteter Lebensraum ist. Alle sollten sich dort wohl fühlen, aber dort auch handeln können. Jeder braucht dort einen Platz, aber auch einen Freiraum. Meine Formel für die Raumgestaltung wäre die Frage: Sind Kindergarten und Gruppenräume, vor allem aber auch die Nutzräume sowie das gesamte Außengelände, durch und durch lebens- und erlebnisbezogen organisiert und gestaltet?

(2) Selbst animativ wirken und angemessen anregen

„Animativ" soll hier „belebend und anregend" meinen. Auch hier kann die Devise nur lauten: Hilfe (wo es nötig ist) – zur Selbsthilfe. Hilf mir (aus der Perspektive der Kinder gesprochen), dass ich es selbst tun kann, aber tue es nicht für mich! Nicht jedes Kind findet immer sofort Zugang zu Spielpartnern oder –vorhaben. Ihm wird die Erzieherin behutsam helfen, indem sie mit ihm überlegt, worauf es sich einlassen möchte. Hier zeigt sich die echte pädagogische Qualität im Verhalten der Berufserzieher. Die Erzieherin ist dabei lediglich „ermöglichend", nie aber belehrend oder antreibend. Im Übrigen lässt sich ein Kind niemals zu Eigenständigkeit und Spontaneität treiben.

(3) Mitspielen, wo es geht und erforderlich ist

Das pädagogische Tun der Erzieherin soll durchaus zeitweise darin bestehen, dass sie sich mit in die Spiele, besonders die Rollenspiele der Kinder einbeziehen lässt bzw. sich gezielt und aktiv selbst hineingibt. Wahrhaftig muss hier ihre Arbeit zum Spiel werden. Nachweislich ist bekannt, dass bestimmte Förderaktivitäten bei den Kindern optimal nur über das Spielen gehen, z.B. die Sprachförderung über das soziale Rollenspiel. Ebenso weiß man nachweislich, dass tatsächlich die fördernden Wirkungen sich bei den Kindern dann einstellen, wenn die Erzieher mittun, d.h. zeitweise aktiv Rollen übernehmen.

Die Rolle der Erzieherin: aktiv sein

(4) Partnerschaftliches Erzieherverhalten

Beim Freispiel ist den Kindern sehr vieles selbst überlassen. Deshalb werden sich mit Gewissheit Konflikte ergeben. Die Erzieher werden immer den partnerschaftlichen Erziehungsstil praktizieren, was aber nie bedeutet, Kinder einfach ganz sich selbst regulieren lassen, sondern da, wo es noch nicht anders geht, auch eingreifen und Grenzen setzen. Weder alles machen zu lassen (laissez-faire), noch alles kontrollieren zu wollen, wäre der richtige Stil. (Vgl. auch Kap. 2.3) Ein gutes Verständnis für das Kind in seiner Lage erhält die Erzieherin immer dann, wenn sie sich mit dem Kind auf gleiche Augenhöhe begibt.

(5) Beobachten und einschätzen

Es ist nicht die wichtigste oder gar noch ausschließliche Aufgabe der Erzieherin, während des Freispiels die Kinder zu beobachten, allerdings ist es auch nicht gerade das Unwichtigste. Es geht um eine Art Diagnose: Wer spielt was und wie mit wem? Welche Kinder spielen nicht oder nicht so aktiv mit, wie es evtl. sein sollte? Wo muss ich helfen? Im zweiten Schritt werden aus dem Diagnostizieren Schlüsse gezogen, die dann wiederum als pädagogische Maßnahmen in die Arbeit einfließen können.

(6) Sich selbst überflüssig machen

Freispiel ist eine äußerst aktive Sache, und zwar von allen Seiten her – von den Kindern aus sowieso; Erzieher sollen nur so aktiv sein, wie es nötig ist – man kann auch sagen: Sich immer da und immer dann selbst überflüssig machen, wo eine Aktivität auch ohne pädagogische Begleitung wirklich gut vonstatten geht.

(7) Nicht über-, aber auch nicht unterfordern

Auch und gerade für das Freispiel gilt der gute, alte gruppenpädagogische Satz, der Erzieher solle da anfangen, wo die Gruppe steht, und sich dann mit ihr in Bewegung setzen. Kinder werden zu einer optimalen Leistung und Entwicklung herausgefordert, wenn sie sich mit Aufgabenstellungen befassen, die in einem für sie gut verträglichen Sinne immer ein wenig über ihrem schon erreichten Entwicklungsstand liegen. Deshalb gehören in eine gute Kindergarten- arbeit immer wieder auch die entsprechend fordernden Angebote.

(8) Mit den Stärken der Kinder arbeiten

Jedes Kind hat Kräfte in sich. Jedes verfügt (schon) über Fähigkeiten. Die Kunst besteht nun darin, die Stärken in jedem Kind zu erkennen – bei den Stärken zu beginnen und das Kind zu ermuntern, damit zu arbeiten. Ein guter Grundsatz ist, Kinder nie mit anderen, sondern nur mit sich selbst zu vergleichen. Mit den eigenen Stärken des Kindes arbeiten.

(9) Gruppendynamik beachten und eventuell steuern

Jedes Kind hat seine Position auf der Beliebtheitsskala in der Gruppe. Dies ist sehr gut zu erkennen, wenn beobachtet wird, welche Kinder ganz schnell Spielpartner finden und bei welchen das nicht der Fall ist. Je nach Gegebenheit muss die Erzieherin gruppendynamisch tätig werden und Kindern, wenn sie mehr oder weniger an letzter Stelle der Beliebtheitsskala stehen, helfen. Z.B. im Rollenspiel zu attraktiveren Rollen verhelfen, etwa indem sie mitspielt: „Ich bin die Mutter, und du bist mein Mann".

(10) Das einzelne Kind, aber auch alle in der Gruppe sehen

Gerade das einzelne, evtl. benachteiligte Kind sollte unserer Aufmerksamkeit sicher sein dürfen, damit es in seinem (!) Tempo mit der Zielsetzung seines (!) Wohles gefördert werden kann. Bei diesem Anspruch der individuellen kompensatorischen Erziehung und Bildung müssen wir bleiben und um die Vorraussetzungen für die wirkliche Erfüllung kämpfen. Der hier vertretene Grundsatz (Individualisieren und das Ganze sehen) bedeutet auch, dass vielerlei Gruppenkonstellationen zugelassen bzw. in Gang gebracht werden sollen.

Bei dieser gut bedachten und fein abgestimmten pädagogischen Begleitung durch die Erzieherin haben wir beste Chancen auf den Erziehungs- und Bildungserfolg.

3.4.3 Bedeutung des Spiels, besonders des Rollenspiels

Das Spiel hat für die kindliche Entwicklung und Entfaltung eine herausragende Bedeutung, die im Folgenden durch die Kernaussagen der wichtigsten Spieltheorien dargestellt werden soll.

- *Einübungstheorie:* Das Kind übt nach dieser Theorie im Spiel für das spätere Leben. Es übt es spielend ein. Betrachten wir die Rollenspiele der Kindergartenkinder, so ist das mit Gewissheit zutreffend. (Beim Kaufladenspiel lernt man einkaufen.)

- *Katharsis-Theorie*: Katharsis ist ein griechisches Wort und heißt Reinigung. Die Idee besagt, dass sich im aktiv durchgeführten Spiel im Kind eine Art Entschlackung von Dingen vollzieht, die sonst belastend wirken könnten; eine, wie ich finde, durchaus fragwürdige Annahme, deren Plausibilität aber auch nicht ganz von der Hand zu weisen ist.

- *Erholungstheorie:* Die Belastungen, denen Kinder auch immer wieder ausgesetzt sind, können im Spiel ausgeglichen werden. Das Kind sammelt neue Kräfte durch das Spiel.

- *Kreativitätstheorie*: Das Kind entwickelt im Spiel seine Phantasie und seine schöpferischen Fähigkeiten. Nirgendwo hat der Mensch die Möglichkeit, so kreativ zu werden, wie beim Spiel.

- *Befriedigungstheorie*: Das Kind kann in der Spielwelt, also seiner eigentlichen Welt, echte Befriedigung finden, auch wenn es Dinge in unseren Augen nur simuliert.

Die Vielfalt dieser Theorien und ihrer Ergebnisse zeigt am besten, was einem Kind alles vorenthalten würde, gäbe man ihm nicht in ausreichendem Maße seine Spielmöglichkeiten.

Eine besondere Bedeutung hat hierbei das Rollenspiel. Das Vorschulkind ist quasi ein Rollenspielkind: Die Häufigkeit und Intensität des Rollenspiels nimmt im Alter von drei bis sechs Jahren kontinuierlich zu. Beim Rollenspiel müssen wir verschiedene Formen unterscheiden, und zwar

- das Theaterrollenspiel
- das Spiel von Kindern unter sich, vor allem
- das intentional angeregte und von der Erzieherin didaktisch begleitete Rollenspiel.

Die Erfahrungs- und Lernmöglichkeiten durch das Rollenspiel liegen in ganz unterschiedlichen Bereichen (Vgl. Hans Hoppe: Pädagogische Funktionen und Implikationen des Kinderspiels. In: K. J. Kreuzer: Handbuch der Spielpädagogik. Band 1, Düsseldorf 1983, S. 169):

- Eindeutig ist, dass über das Rollenspiel nicht nur soziale Fähigkeiten vermittelt werden, sondern dass Kinder dabei auch *Wissen erwerben*. Deshalb haben wir im Kindergarten neben Bilderbuch, Gespräch usw. vor allem dieses erlebende Verfahren.

- Rollenspiele dienen u.a. dem wichtigen Ziel der Kindergartenbildung, nämlich der *Kreativitätsförderung*.

- Generell findet über das Rollenspiel eine nachhaltige *Kommunikationsförderung* statt.

- Natürlich findet über Rollenspiele auch die Vermittlung von *Normen und Werten* statt.

- Aber auch *rollenkritische oder innovatorische Vermittlungen* sollten bei entsprechender pädagogischer Handhabung nicht außer acht bleiben, indem z. B. die konventionellen Rollen von „Mann und Frau" entsprechend einer modernen Ausprägung eingeübt werden.

- Rollenspiele können einen *diagnostischen Wert* haben, wenn etwa beobachtet wird, dass ein Kind seine Puppe dauernd auf den Topf setzt, wobei die Puppe anschließend ein paar Schläge auf den Po erhält.

- Rollenspiele können auch einen *therapeutisch-befreienden Effekt* haben, indem z. B. bestimmte Autoritäten (Hausmeister, Polizei, usw.) einmal hereingelegt und etwas herabgesetzt werden.

- Die Rollenspiele der Kinder sollten nicht zuletzt auch *Spaß und Freude* bereiten und der Entspannung dienen.

Ich weiß, dass es für Erziehrinnen gut und anregend für ihre praktische Arbeit sein kann, wenn sie sich derlei theoretische Überlegungen zu Eigen machen.

3.5 Die pädagogische Bedeutung des Raumes

Der Raum und dessen Gestalt wird in der Pädagogik manchmal – neben dem Erzieher als Person und den Kindern – als der „dritte Erzieher" bezeichnet. Das ist eine Metapher, die gewiss nicht genau zutreffend ist, aber doch durchaus etwas Richtiges sagt. Räume haben für Kinder eine große Bedeutung – und nicht nur für sie. Im Lebensbezogenen Ansatz gilt das Motto "draußen vor drinnen". Deshalb beginnen wir mit dem Außengelände.

3.5.1 Was auf dem Außengelände nicht fehlen sollte

Lebensbezogen macht das Außengelände das, was der wirklichen Lebensqualität von Kindern zuträglich ist, und zwar im Sinne ihrer wahren Bedürfnisse und ihrer echten Bildung – diese verstanden im Sinne unserer Pädagogik. Das wird nun konkreter ausgeführt.

Die Ausgangsfrage kann hier lauten: Was brauchen Kinder, und zwar generell, - und was fehlt ihnen heute, allgemein? Etwas bewegen können, natürliche Erfahrungen machen und echte (nicht mediatisierte) Begegnungen haben mit Menschen, Natürlichem und mit sinnvollen Dingen der Zivilisation – sanfte Technik nicht ausgeschlossen -, das sind einige Bedürfnisaspekte. Außerdem richten wir den Blick auf das, was viele Kinder heute haben, u.a. an sinnlosen und „verderblichen" Spielsachen, und auf das, was ihnen in einer sterilen und zubetonierten Wohnumgebung vorenthalten ist: Kinder können dort kaum noch etwas „bewegen". Alles ist zugepflastert, weil man es sich „schön machen" wollte. Auch auf dem Dorfplatz, geschweige denn in der Stadt, finden Kinder heute keine Pfütze, in die sie freud- und lustvoll treten könnten.

Kindergärten, Kitas und Horte sollten ein Außengelände haben, das - Kinder und Erzieher - ermuntert zum Agieren und Hantieren, aber sie auch einladen kann zur Stille und zum meditativen Verweilen. Das Außengelände ist kein reiner Abenteuerplatz, schon gar nicht ein reiner Bolzplatz, sondern ein Stück – für Kinder sinnvoll vorbereitete und sinnvoll gestaltete Erde.

Die Kinder sollten hier den von ihnen so geschätzten Aktivitäten nachgehen können wie, z.B. hämmern, sägen, experimentieren, bauen, kokeln, manschen, rennen, klettern, balgen, sich verstecken, rutschen, graben, sandeln, balancieren, schaukeln, hangeln. Kinder sollten aber auch genügend Möglichkeiten haben, den stilleren und meditativen Aktivitäten nachzugehen: erzählen, beobachten, hören, staunen usw.

Spielgerät der Superlative: am billigsten und beliebtesten

Demgemäß sollten auf dem Außengelände – selbstverständlich im Rahmen der Größe der Freiflächen und der sonst vorhandenen Begrenzungen – wenn möglich, nicht fehlen (die folgende Auflistung ist beliebig in der Reihenfolge):

- Hügel, Abhänge, Berge. - Vor allem im Flachland freuen sich Kinder an einer modellierten Landschaft, wo sie Bewegungsaktivitäten, bis hin zum Schlittenfahren im Winter, praktizieren können. Der Hügel oder Berg wird einen sinnvollen Platz wahrscheinlich eher am Rande haben, als mitten im Gelände.

- Rückzugsbereiche. – Diese können durch Hecken, Sträucher o.ä. erreicht werden. Kinder können so z.B. Versteckspiele durchführen – jedenfalls für sich sein, wenn sie es möchten.

- Feuerstelle. – Das Feuer gehört zu den Elementen, und hat mit Leben zu tun. Kinder lernen und erfahren dabei, wie mit diesem Element umzugehen ist.

Am Lagerfeuer – in der Phantasie

- Wasserstelle. – Am besten ist, wenn das Wasser von den Kindern gepumpt werden kann, wobei sie dessen Wert und Begrenztheit kennen lernen, und trotzdem seine elementare Schönheit und Bedeutung erleben können.

- Teich. – Dieser ersetzt nicht die Wasserstelle, kann aber trotzdem empfehlenswert sein, insofern er eine eher betrachtende und beschauliche Seite anspricht. Die Kinder können dabei vielerlei an der Natur beobachten.

- Kulturstelle. – Dabei ist an eine Stelle, z.B. im Halbrund angebracht, zum Vorlesen, Rollen- und Theaterspiel o.ä. gedacht; evtl. mit Steinen ausgelegt und mit Wuchs beschattet.

- Baustelle. – Die Kinder sollten bewegliche „Bauteile" haben – möglichst aus dem Leben und für das Leben (vgl. dazu den folgenden Bericht zur Bewegungsbaustelle).

- Balancierstelle. - Diese sollte aus dicken, festliegenden und von den Kindern nicht zu bewegenden Baumstämmen bestehen. Die Kinder können darauf sitzen, vor allem aber balancieren. Befindet sich die Baustelle in der Nähe, werden sie sich Bretter o.ä. dazuholen.

80

- Matschstelle. - Diese hat man im Freigelände und man sollte deshalb nicht darauf bedacht sein, ein sog. Matschbecken in die Räume holen zu wollen.

- Rutsche. – An diesem Spielgerät haben Kinder immer wieder ihre Freude – und das sollte auch so sein -, wenngleich es bei einem wirklich lebensbezogenen Gelände an Attraktivität verlieren wird.

- Häuschen o.ä. – Die Kinder freuen sich über eine Beherbergung, in der sie – für sich – spielen können. Industriell gefertigte, den Vorschriften entsprechende Häuschen können hinzukommen; wertvoller ist, mit den Kinder gemeinsam in einem Projekt welche zu bauen.

- Rasenfläche. – Eine solche, ebene, durchaus gepflegte Fläche kann zu vielen Spielen anregen und bei größeren Aktivitäten, z.B. Sommerfest o.ä., dienlich sein.

- Wiese. – Auch bei eher kleinem Außengelände empfiehlt sich eine solche Brachfläche, weil dort Wiesenblumen, Insekten etc. gut beobachtet und erlebt werden können.

- Nistkästen. - Werden diese von den Vögeln angenommen und bewohnt, können Kinder die interessantesten Beobachtungen machen und die Vogelwelt fast hautnah erleben.

- Iglu oder Kriechtunnel. – Aus Weiden geflochten und in einem Projekt gemeinsam mit Eltern angelegt, kann beides für die Kinder zu einem der schönsten Erfahrungsräume werden. Große Vorteile bestehen in der leichten Handhabung und den geringen Kosten.

- Terrasse. – Diese sollte dem Gruppenraum zugehörig sein, möglichst mit einer begrünten Pergola versehen. Der Belag ist ökologisch, u.a. wasserdurchlässig zu gestalten.

- Sandstelle. – Es muss nicht immer der Sandkasten sein. Die Stelle ist allerdings so zu organisieren, dass der Sand erhalten bleibt und sich nicht zu sehr mit dem sonstigen Erdreich vermischt. Warum nicht auch einmal eine Sandlandschaft oder ein Sandhügel?

- Bäume. – Glücklich kann sich die Einrichtung schätzen, wenn sie einen guten Baumbestand besitzt, evtl. tragende Obstbäume und solche, auf welche die Kinder auch klettern dürfen.

- Rollerstrecke. – Viele Einrichtungen, vor allem solche mit größeren Freiflächen, haben sowieso asphaltierte Teile – ökologisch gesehen leider total versiegelt -, die u.a. der Autozufahrt dienen können. Die Kinder führen auf diesen Strecken kühnste Rennen durch. Legt man sie allerdings neu an, darf auf keinen Fall versiegelt werden (also kein Asphalt, Beton o.ä.).

- Garten. – Kinder sollten ihr Gärtchen haben, in dem sie selber etwas ziehen können und sie erleben, dass es wächst und was das bedeutet. Der Kindergarten oder Hort kann aber auch seinen Blumen-, Gemüsegarten o.ä. haben; evtl. auch sein Hochbeet, Kräuterschnecke usw.

- Mulden. - Hat man in der Einrichtung seinen „Berg", sollte auch die Senke, Mulde o.ä. (Vertiefung) nicht fehlen. Sie kann mit Baumrinde o.ä. ausgelegt sein, so dass die Kinder sich dort trocken und warm aufhalten und spielen können.

- Kompoststelle. - Ein lebensbezogener Kindergarten ist immer auch eine ökologisch orientierte Einrichtung, was sich u.a. am Umgang mit Abfällen, vor allem selbstverständlich in der Vermeidung von Müll, der nicht recycelbar ist, zeigt. Die Kompoststelle sollte auf dem Gelände ihren Platz haben und pfleglich gehandhabt werden.

- Seile. – Sie können zwischen natürlichen Bäumen angebracht werden zum Hangeln und Balancieren, oder aber zwischen haltbar eingelassenen dicken Pfählen.

- Seilbahn. – Manche Einrichtungen verfügen sogar über eine industriell gefertigte Seilbahn, wie man sie auf öffentlichen Spielplätzen antreffen kann. Nun, wenn man Platz hat.

- Schaukel. – In der Reihe der technischen Spielgeräte fehlt sie fast nirgendwo, inzwischen oft in Form einer großen Nestschaukel, wo zwei bis drei Kinder sich vergnügen können.

- Erdenberg. – Das ist nicht der Hügel, von dem bereits die Rede war, sondern ein aufgeschichteter „Berg", in dem die Kinder gerne Dinge vergraben und wieder ausbuddeln. Er kann auch durchaus (ungefährliche) Anteile von Bauschutt haben, in dem die Kinder Entdeckungen machen können.

- Sinnespfad. – Wenn eine Einrichtung nur wenig von Natur umgeben ist, kann es gut sein, einen sog. Sinnespfad zu haben, in dem einzelne Strecken mit verschiedenen Steinen und Materialien ausgelegt sind, wobei die Kinder verschiedene taktile Erfahrungen machen können. Das kann das Ergebnis eines Projektes mit Kindern und Eltern sein.

3.5.2 Die Bewegungsbaustelle – So „leben" Kinder

Vielfach reicht ein Blick auf das Außengelände und dessen Gestaltung und Ausstattung, um die Qualität eines Kindergartens oder Hortes und den dort praktizierten pädagogischen Ansatz einzuschätzen. Leider weist bei den meisten Einrichtungen das Außengelände nicht gerade übermäßig viele Elemente einer lebensbezogenen Pädagogik auf, sondern Uniformität und Sterilität schlagen dem Beobachter entgegen. Es darf jedoch nicht in Abrede gestellt werden, dass manch eine Einrichtung in jüngster Zeit auch ganz neue, sinnvolle Wege gegangen ist. Die Bewegungsbaustelle ist ein Element eines nach den Grundsätzen der lebensbezogenen Pädagogik gestalteten Außengeländes – allerdings kann dies ein zentraler Teil sein. Denn Leben ist auf jeden Fall auch Bewegung. Eine lebensbezogene Pädagogik wird diesem Bedürfnis von Kindern genügend Rechnung tragen. Deshalb ist die Bewegungsbaustelle von besonderer Bedeutung.

Um was es geht – Wesen und Verwandtschaften der Bewegungsbaustelle

Die sogenannte Bewegungsbaustelle, um die es hier geht, ist ein Aktivspielplatz auf dem Außengelände der Kindereinrichtung, eher etwas frei und auf den ersten Blick des Erwachsenen abenteuerlich angelegt mit Kisten, Reifen u. a. ausgestattet – jedenfalls das Gegenteil des mit Rutsche und Wippe bestückten „Spielplatzes" (der eigentlich keiner ist) – einladend zum freien und kreativen Konstruktions- oder Rollenspiel, den Kindern also selbst überlassend, was „richtiges" Spielen ist. Eine solche Spielstelle kann kleineren oder größeren Ausmaßes sein. In der Spielpädagogik firmiert ein solcher Platz unter verschiedenen Namen, wie z. B. Aktivspielplatz, Naturspielplatz, je nach Größe auch Abenteuerspielplatz. In größerem Ausmaß angelegt findet man solche Spielplätze manchmal auch als eigenständige Einrichtungen und ausgestattet mit betreuenden Spielpädagogen.

Die Ausstattung einer Bewegungsbaustelle

Die Bewegungsbaustelle bzw. der Aktivspielplatz soll den Kindern nun keineswegs nur zu einem bestimmten Typ von Spiel dienen, sondern möglichst umfassend genutzt werden können. Trotzdem dürften die Konstruktions- und Rollenspiele hier am ehesten zur Geltung kommen, z. B. eine Burg bauen, ein Schiff konstruieren, ein Häuschen errichten, usw..

Demgemäß sollte dann natürlich die Anlage ihre materielle Ausstattung haben, z. B. Kisten, Reifen, Rohre, Stämme, Leiter, Büchsen, Planen, eine gesicherte Feuerstelle, etc..

Anzugeben, was die Kinder jeweils mit den betreffenden Materialien und Gegenständen spielen „sollten", wäre eine typische erwachsenenbezogene Sicht und nicht unbedingt im Sinne der Kinder; sie selbst sind es, die im Hinblick auf die Verwendung der Dinge oft die passendsten Ideen haben und uns zum Staunen bringen. Spielpädagogisches Verhalten von Erziehern verlangt oft viel Sensibilität und Empathie, verbunden vor allem mit der nötigen Kunst der Zurückhaltung – ohne in den Laissez-faire-Stil abzugleiten.

Der pädagogische Wert einer Bewegungsbaustelle

Im Hinblick auf ihre pädagogische Bedeutung, ihren Erziehungs- und Bildungswert, kann man die Bewegungsbaustelle aus verschiedenen Perspektiven sehen. Gesellschaftlich betrachtet, erweist sie sich als eine Notwendigkeit, besonders angesichts der zugebauten Landschaft sowie der mit Autos verparkten Straßen und Plätze. Vom Erzieher her gesehen bedarf es vielfach eines Umdenkens – weg vom vorgefertigten (meist teuren) Spielgerät, hin zum etwas gefahrvolleren Material aus dem Leben, dessen Zweckbestimmung dann eher in der Hand der Kinder liegt.

Was das Erzieherverhalten im Hinblick auf die Bewegungsbaustelle anbetrifft, so ist hier keineswegs nur Beobachten und Gefahren abwenden gefragt, sondern ein aktiver, partnerschaftlicher Erziehungsstil im Ganzen; das bedeutet u. a. auch ein zeitweiliges Einlassen auf das Spiel der Kinder sowie ein aktives Mittun, z. B. wenn die Erzieherin beobachtet, dass einige Kinder auf dem Aktivspielplatz die vorhandenen Rohre zum Panzerbau im Kriegsspiel verwenden – und dies nicht nur stunden-, sondern sogar tagelang -, dann reicht es nicht, dies einfach zu verbieten, sondern dann ist durch aktives Mitspielen eine pädagogisch sensibel zu gestaltende Umorientierung erforderlich.

Nicht alles, was die Kinder tun, muss „pädagogisch" gesehen und so gewertet werden. Doch darf von pädagogischer Sicht aus im Hinblick auf die Bewegungsbaustelle auf die damit verbundenen Erziehungs- und Bildungsziele hingewiesen werden:

- Er-leben der (und in der) Wirklichkeit (entgegen der Mediatisierung von Kindheit)

- Kreativität und Innovationsfreudigkeit (Gegenteil: permanentes Handeln nach denselben vorgegebenen Schemata)

- Partizipation und Mitgestaltung (Gegenteil: sich alles vorsetzen lassen und nur passiv hinnehmen)

- Aktivität und Initiative (Kinder werden nur aktive und initiative Jugendliche und Erwachsene, wenn sie nicht zu sehr gegängelt werden und zu viele Vorschriften erfahren.)

Eine Reihe weiterer Ziele, die mit den genannten in Einklang stehen, können hier angeführt werden: Rücksichtnahme, Solidarität (überhaupt Sozialverhalten), Phantasie, Eigenständigkeit, Flexibilität, Spontaneität, Freude am Konstruieren, Freude an Bewegung und Bewegen, etc. Solche und ähnliche Werte und Haltungen resultieren, wie von selbst, aus einer lebensbezogenen Pädagogik.

Im Folgenden möchte ich eine Praktikerin zu Wort kommen lassen, die in ihrem Kindergarten eine Bewegungsbaustelle eingerichtet und dort bereits vielfältige Erfahrungen gesammelt hat.

3.5.2 Praxis-Bericht zum Thema Bewegungsbaustelle[2]

Zuerst informierte ich die Eltern über einen Aushang. Gleichzeitig bat ich sie um Unterstützung bei der Sammlung von Baumaterial, wie z. B. Steine, Bretter, Nägel, Stricke, Seile, Leitern, Bettlaken, usw. Unsere Eltern waren bereits vorher in die Gestaltung des Außengeländes mit einbezogen worden und hatten eine positive Einstellung zur Bewegungsbaustelle. Weiter nahm ich Kontakt mit einem Baumarkt auf, der uns Paletten, Holzplatten, Plastikrohre, Bretter, Kabelrollen und Kanthölzer zur Verfügung stellte. Reifen hatten wir schon.

Bereits die Anlieferung der Materialien war ein Erlebnis und ein Anreiz für die Kinder. Begeistert nahmen sie alles in Beschlag.

Die Bewegungsbaustelle ist recht groß und das Material reichhaltig und so unterschiedlich, dass gleichzeitig viele Kinder zusammen spielen können. Aber auch in kleinen Gruppen kann etwas entstehen. Ich beobachte, dass sich schon die Dreijährigen mit den Großen zusammentun: sie bauen gemeinsam ein Haus oder stellen aus Reifen und Kisten ein Segelboot her. Die Kinder erweitern täglich ihre Bauwerke oder bauen Neues. Der Phantasie der Kinder sind keine Grenzen gesetzt: Sie bauen z. B. aus Reifen und Brettern ein Haus oder eine Wippe. Auch auf Plastikrohren kann man wippen. Manchmal tragen sie das Material einfach hin und her. Manche Erwachsene würden dies vielleicht für sinnlos halten, doch unsere Kinder sind dabei stolze Bauarbeiter. Ich nehme sie darin sehr ernst und zeige es ihnen auch.

Was macht eine Bewegungsbaustelle so interessant? Die Kinder können hier Materialien bewegen; sich über, unter, zwischen den Materialien bewegen. Sie können die unterschiedliche Beschaffenheit des Materials feststellen: Oberflächenstruktur, Gewicht, Formen, Farben. Kurzum: Ihre Wahrnehmung wird gefördert und Turnen ohne Anleitung ist möglich.

So ganz nebenbei, wenn die Kinder über Bretter balancieren, auf eine Kabelrolle klettern, wieder herunterspringen, mit Hilfe eines

---

[2] Bericht: Hannelore Oldenburg – Bearbeitung: Monika Huppertz

Plastikrohres und Brettes wippen, wird die Motorik des ganzen Köpers geschult.

Wollen die Kinder ein „Werk" aus dem vorhandenen Material entstehen lassen, müssen sie sich untereinander absprechen und Rücksicht aufeinander nehmen. Ich beobachte z. B. einige Kinder, die versuchen, aus Gasbetonsteinen Figuren zu bauen. Dazu benötigen sie verschiedene Werkzeuge, die sie organisieren und abwechselnd handhaben müssen. Sie freuen sich, weil etwas unter ihrer Hand entsteht und schauen sich stolz ihre Ergebnisse an.

Eines Tages nehmen sich einige Jungen vor, ein Haus zu bauen. Sie wollen Wände entstehen lassen; diese stürzen aber immer wieder ein. Sie fordern mich auf mitzuspielen, weil sie Hilfe brauchen. Ich fange an, die größeren Steine unten aneinander zu reihen, dann die kleineren Steine darauf zu setzen. Dabei erkläre ich den Kindern, dass so im Verbund gemauert wird. So „mauern" die Kinder bald wie die Großen. Das Haus nimmt Form an; die Kinder bringen neues Material mit und haben immer wieder neue Ideen, wie sie den Hausbau erweitern könnten. Bald bin ich nicht mehr gefragt und kann mich zurückziehen. Nur beim Dachbau helfe ich noch einmal. Die Jungen sind sehr stolz auf ihr Haus. Später wird es dann zum Gefängnis erklärt.

Einige Mädchen schauen anfangs nur zu; dann fangen sie selbst an, ein Haus zu bauen. Es zeigt sich, dass ein Mädchen bestens Bescheid weiß, weil seine Eltern gerade ein Haus gebaut haben. Sie benutzen eine Wasserwaage, Maurerkelle, ein Abriebbrett und einen Winkel. Da staunen die Jungen. Später werden die beiden Häuser mit Brettern verbunden, und es entsteht die gemeinsame Garage. Die Mädchen spielen nun in ihrem Haus mit Puppen und kochen dort mit Begeisterung.

Mir als Erzieherin kommt während des Freispiels nicht nur die Aufgabe der Beobachtung zu. Ich bin verantwortlich für den Spielraum hinsichtlich der Unfallquellen, richte mein Augenmerk darauf, dass kein Kind zum Außenseiter wird und gebe Hilfestellung, wenn die Kinder diese wünschen oder wenn ich dies aus pädagogischer Sicht für notwendig erachte.

3.5.3 Innenräume mit Lebensqualität

Raum ist nicht gleich Raum, sondern jeder Raum hat seinen eigenen Charakter, der seine Ausstrahlung und lebensbezogene Wirkung haben soll. Es wird hier das Prinzip „draußen vor drinnen" vertreten, was aber gerade nicht bedeutet, dass nicht genau so scharf über die Gestaltung der Innenräume nachzudenken ist. Manches gilt für beide Räume, also sowohl für Außen- wie auch für Innenräume. Im Kindergarten sollten wir auf eine natürliche Verbindung der beiden Raumarten achten, und dabei nicht sinnlosen Dingen, wie z.B. einem Matschbecken, das man sich mitten in den Gruppenraum oder Flur des Kindergartens stellt, das Wort reden. Matsch gehört zum Natürlichen, und das ist draußen, wo man auf dem Außengelände seine Matschstelle hat.

Innenräume, und das ist hier im Hinblick auf das gesamte Kindergartengebäude gemeint, sollen die lebensbezogene Arbeit nicht nur zulassen – sie dürfen sie auf keinen Fall verhindern -, sondern sie sollen sie erleichtern und fördern – also ihre lebensbezogene Bildungswirkung haben.

Im Folgenden werden einige Merkmale einer lebensbezogenen Raumgestaltung aufgezeigt.

(1) Administrative Vorschriften: Räume müssen den Vorschriften – gut – gerecht werden
Für die Räume als solche, die eine Einrichtung hat und (genehmigt) betreiben darf, gibt es normalerweise Vorschriften und Richtlinien, denen der Träger der Einrichtung nachkommen muss, um überhaupt eine Genehmigung für den Betrieb zu erhalten. Solche Vorschriften betreffen z. B. die Anzahl der m² pro Kind, die Wärmegrade in den Räumen, die Luft, die Lichtverhältnisse, die Sichtmöglichkeiten, usw. Wir können aber unterscheiden zwischen Dingen, die absolut vorgegeben und insofern von der einzelnen Erzieherin kaum noch zu handhaben sind, einerseits – und Dingen, die beeinflussbar und damit der Entscheidung der Erzieherin unterworfen sind, andererseits. Diese beiden Bereiche dürfen nicht zu streng unterschieden werden; denn oft glauben wir auch, etwas nicht beeinflussen zu können, was aber schließlich doch noch möglich ist. Wenn z. B. eine Erzieherin

gemeinsam mit den Eltern bewirkt, dass ihr Gruppenraum eine sogenannte Galerie erhält, dann ist damit sogar in den scheinbar unüberbrückbaren Punkt m²-Zahl pro Kind Bewegung gebracht worden.

(2) Identifikationsmöglichkeit: „Ich" und „das Meinige" sollten in dem Raum vorkommen

Kinder und Erzieherinnen brauchen auch ihren eigenen Raum in der Einrichtung. Sie müssen sagen können: „Das ist unser Raum, und dort habe ich meinen eigenen Platz." Die Möglichkeit der Identifizierung mit dem Raum kann gegeben sein, z.B. durch eigene Erarbeitungen, Gemälde, das Schatzkästlein (eigene Schublade), etc.

(3) Das rechte Maß: In der Raumgestaltung bedarf es in jeder Hinsicht des rechten Maßes

Das Sprichwort sagt: „Weniger ist mehr". Das, bzw. die rechte Mitte, gilt auch für die Gestaltung des Räumlichen: Nicht zu wenig, nicht zu viel. Gemeint ist u.a., dass durch das Stellen der Regale, Tische, Schränke, usw. mit dem Raum vieles bewirkt werden kann – es kann auch „alles voll gestellt werden", sodass die Kinder zu wenig Spielraum haben. Der Gruppenraum soll z.B. nicht zum Toben verleiten, sondern so gestaltet sein, dass die Kinder sich nicht gegenseitig stören.

(4) Flexibilität und Variabilität: Die Gestaltung des Raumes muss Beweglichkeit und Veränderbarkeit zulassen

Es fängt schon bei der Art und evtl. Befestigung der Möbel an: Sind diese zu schwer oder zu sehr befestigt, sind Flexibilität und Variabilität ausgeschlossen. Schränke und Regale müssen natürlich fest und sicher stehen, aber: Es gibt auch gute Möglichkeiten, dieses zu bewirken und dennoch das Mobiliar prinzipiell beweglich zu halten (Flexibilität) und den Raum verändern zu können (Variabilität).Will man z. B. einen größeren Raum in mehrere kleinere einteilen, so kann es sinnvoll sein, mit Regalen o. ä. als „Raumteilern" zu arbeiten, statt etwa eine (feste) Wand einziehen zu lassen.

(5) Wiedererkennbare Grundgestalt: Der Raum muss für das Kind wiedererkennbar bleiben

Die Frage nach der Raumgestaltung birgt mehrere Ambivalenzen in sich, d. h. Punkte, die mit einem „Einerseits – andererseits" verbunden sind, z. B.: einerseits wird man sich für eine verändernde durchaus innovierende Vorgehensweise aussprechen („Öfter mal was Neues"), andererseits will kein Kind sich alle paar Tage je völlig neu orientieren müssen und die Frage beantworten: „Wo bin ich, und wo habe ich meinen Platz?" Das wäre gerade das Gegenteil davon, was das Kind seinen Bedürfnissen gemäß braucht. Beim Erwachsenen ist es übrigens nicht anders: Auch bei uns stellt sich durchaus Enttäuschung ein, wenn wir an „verschwundene" Plätze kommen, wo alles so verändert ist, dass die alte Grundgestalt nicht mehr zu erkennen ist. Auf diesen Punkt ist zu achten. Wir sollten die Räume für Kinder nicht allzu oft grundlegend verändern, sondern höchstens allmählich und sanft, so dass für die Kinder in der Regel die Grundgestalt erkennbar bleibt. Dies gibt ihnen Sicherheit und Orientierung, die sie für ihr und in ihrem Leben brauchen.

(6) Rückzugsmöglichkeiten: Kinder brauchen auch stille Räume und müssen für sich sein können

Das Kind befindet sich im Kindergarten als Einzelwesen (Individuum) wie auch als Sozialwesen (im Gruppenverband). Das ist eine der typischen Dialektiken in der Pädagogik: Einzelner und Gruppe. Beiden müssen wir gerecht werden, weil - anthropologisch gesehen – der Mensch (hier: das Kind) beides ist: Wir haben Bedürfnisse als Individuum und als Wesen im sozialen Verband. Insofern muss auch die Raumgestaltung individuell wie auch kollektiv etwas „hergeben". Sprich: wir benötigen Flächen und Räume für Gruppenaktivitäten, aber auch für Einzelaktivitäten; Kinder brauchen also Rückzugsmöglichkeiten, sei es z. B. in abgetrennten Ecken und Winkeln, in stillen oder mehr meditativen Räumen, auf Galerien oder in Nebenzimmern, usw.

(7) Optimale Raumbegrenzung: Die Raumbegrenzungen müssen so sein, dass sie dem pädagogischen Bedarf entsprechen

Was heißt das? Raum scheint, für uns wahrnehmbar, zunächst nur „be-grenzt", d. h. durch „Eingrenzendes" markiert, zu existieren. Innerhalb der be-grenzenden Wände des Gruppenraumes haben wir Spielraum, als Raum, mit dem wir „spielen" können, d.h.: den wir handhaben können und sollten. Aber wie? Antwort: Nach dem, was die Kinder brauchen (bedürfnisorientiert) und nach dem, was wir mit ihnen pädagogisch: erziehend, bildend, betreuend tun wollen (aufgabenorientiert). Demgemäß sollte es z. B. freie Flächen geben, aber auch Zonen für bestimmte Bildungsbereiche. Das wird man in der Hauptsache mit Schränken, Regalen, Tischanordnungen, usw. bewirken. Hier soll betont werden, dass es optimal sein muss, d. h. möglichst viele und wichtige Bedarfe erfüllend; z. B. ist es neben allen sonstigen Aufteilungen schön, wenn Kinder ihre Bauwerke oder sonstigen „Erarbeitungen" stehen lassen können und wenn man dafür „Raum" hat.

Mit den folgenden Fragen lässt sich leicht eine Art "Raumprüfung" vornehmen.

1. Entspricht „mein Raum" den administrativen Vorschriften (m²; Helligkeit; Frischluft)?

2. Finden sich die Kinder im optischen Erscheinungsbild unseres Raumes wieder?

3. Entspricht unser Raum dem Grundsatz des rechten Maßes ?

4. Ist unser Raum nach den Grundsätzen der Variabilität gestaltet?

5. Hat der Raum eine problemlos wiedererkennbare Grundgestalt?

6. Können die Kinder in unserem Raum auch für sich sein (Rückzugsmöglichkeit)?

7. Entspricht das" Eingrenzende" (Schränke, Regale, Tische) der optimalen Anordnung?

4. Vernetzung als Prinzip des Lebensbezogenen Ansatzes

4.1. Das partial-holistische Paradigma – Wir sind Teil des Ganzen

Der Begriff des „Lebens" wird in der hier vertretenen Pädagogik ganzheitlich verstanden. Ganzheitliches Denken und Handeln bezeichnet man in der Wissenschaftssprache auch als Holismus (vom griechischen holon = das Ganze). Ein Ganzes, z.B. ein Lebewesen oder ein Organ, ist aber immer im Hinblick auf seine Teile zu sehen, aus denen es besteht und mit denen es zusammenhängt (Teil heißt im Lateinischen pars; daher z.B. partiell). Eine solche Denkrichtung, die sowohl den Teil von etwas als auch dieses Etwas als Ganzes sieht und immer mit bedenkt und ernst nimmt, bezeichne ich als Partial-Holismus. Dieser Standpunkt liegt dem Lebensbezogenen Ansatz zu Grunde (vgl. dazu Huppertz 1998) und hat insofern für die Umsetzung der lebensbezogenen Pädagogik ganz bestimmte Konsequenzen, die im Folgenden zur Sprache kommen.

Aus der partial-holistischen Position folgt vor allem, dass das Vernetzungstheorem eine Rolle spielt. D.h.: Wir sollten hinschauen, wie die Dinge vernetzt sind – und wie wir sie evtl. miteinander vernetzen müssen. Bei diesem Denken ändert sich manches auch in unserem Handeln – vorausgesetzt, wir folgen im täglichen praktischen Tun dem theoretischen Grundgedanken des Partial-Holismus. Wollen wir den Lebensbezogenen Ansatz verwirklichen, dann müssen wir uns in diesem Sinne auch partial-holistisch orientieren und vorgehen.

Im partial-holistischen Denken sehen wir z.B. das Kind niemals einseitig, etwa als rein kognitiv lernendes Wesen, das wir nur verbal „be-lehren" müssen, nein: Wir wissen und beachten, dass der Wissenserwerb mit anderen anthropologischen Dimensionen in Verbindung steht, z.B. mit den Empfindungen, mit der Bewegung usw. Lernen wird so in der lebensbezogenen Pädagogik möglichst ganzheitlich organisiert, so dass z.B. die Fremdsprachenbildung über

Lieder und Tänze, jedenfalls mehrere Sinne des Kindes ansprechend, erfolgt. Die gesamte pädagogische Arbeit ist als lebensbezogene Arbeit, wo immer es geht, partial-holistisch vernetzt zu betrachten.

Für die Kinder heißt dies auch, sie als Teil der Gruppe zu sehen und ihnen zu vermitteln, dass sie dieses sind. Jedes von ihnen muss jedoch auch einzeln betrachtet, ernstgenommen und in seinen jeweiligen Bedürfnissen bedacht werden. Das Kind als Person und Persönlichkeit, - aber auch wiederum z.B. die Erzieherin als Teammitglied: auch hier ist sie ein Teil des Ganzen und wird sich demgemäß sehen und verhalten. Auch die gesamte Einrichtung sollte partial-holistisch betrachtet werden, z.B. von der einzelnen Gruppe her hin zu der gesamten Institution. Dieser teil-ganzheitliche Blick macht uns aufmerksam für uns selber und für Andere(s). Zur lebensbezogenen Pädagogik gehört diese Sicht unverzichtbar dazu, weil so das Leben ist: denn Leben als solches, ob wir es nun unter physischen, geistigen oder soziologischen Aspekten sehen, ist nie nur allein und teilhaft, sondern immer in Verbindung mit anderem.

Wir müssen also das Team, die Personalgruppe, in seiner Vernetzung (als Teile und Ganzes) sehen, ebenso und vor allem aber die Vernetzung unserer Arbeit im Hinblick auf die Eltern und Familien unserer Kinder, desgleichen im Hinblick auf die Schule – und weiterhin auch auf das Gemeinwesen, in dem wir uns befinden und in dem unser Leben mit den Kindern sich ereignet. Besonders wichtig ist die Vernetzung mit den Eltern und mit der Schule.

Weshalb wähle ich das Wort „Vernetzung"? Ein Netz hat Fäden und Knoten, durch welche die Fäden verbunden sind und das Netz gehalten wird. So ist es beim wirklichen Netz. Beim Wort „Vernetzung", das ein Kunstwort ist, d.h. dass es so in der gängigen Alltagssprache (noch) nicht vorkommt, bedient man sich des Netzes als Bild. Die Menschen, die in Beziehung zueinander stehen bzw. stehen sollten, werden durch die Knoten des Netzes dargestellt; die Beziehungen zwischen ihnen sind die Fäden. Wie ein wirkliches Netz einwandfrei sein kann oder aber auch brüchig und schadhaft, so ist es auch in den Beziehungen zwischen den Menschen, z.B. in der Verbindung zwischen der Erzieherin, dem Kind und den Eltern. Wichtig ist, dass wir den Blick für die Vernetzung haben und dann gute Netze knüpfen. Das Netz soll tragfähig sein und dem Tragen dienen.

4.2. Ohne Eltern geht es nicht - Lebensbezogene Elternarbeit?

Wenn die von mir vertretene Philosophie von Leben – gemeint ist hier „von Leben überhaupt und als solchem" – einleuchtend und richtig ist, dann gilt diese selbstverständlich auch für das Leben der Eltern und für das Zusammenleben mit ihnen in der Erziehungspartnerschaft mit dem Kindergarten. Eine lebensbezogene pädagogische Arbeit mit Kindern empfindet Elternarbeit nicht als Last, sondern als mit dazu gehörig. Eltern werden hier – in partial-holistischer Sicht – als integrale Teile des ganzen Kindergartengeschehens gesehen. Diese Geisteshaltung strahlt aus in den Alltag bis hinein in den gesamten Umgang mit den Eltern: sie werden dabei vom Fachpersonal anders (und zwar integrierend) gesehen, empfangen und behandelt; denn sie sind echte Partner. Das ist lebensbezogener Geist in unserer Elternarbeit.

Lebensbezogene Elternarbeit wird besonders deutlich an dem, was der Kindergarten, dem an für das Leben orientierenden Werten – vor allem Natur, Gerechtigkeit, Frieden – gelegen ist, inhaltlich, vor allem in der Elternbildung, mit den Eltern bespricht und behandelt – etwa an Elternabenden. Da wir in der Lebensbezogenen Pädagogik den Menschen ganzheitlich sehen, werden in der Elternarbeit er-lebende, den ganzen Menschen ansprechende Methoden praktiziert, bei denen u.a. die Erfahrungen, Fragen, Ängste und Befürchtungen der Eltern Beachtung finden und zum Tragen kommen. Nicht etwa nur Vortrag und Gespräch, sondern aktivierende und nachhaltige Methoden sind in einer lebensbezogenen Erwachsenenbildung selbstverständlich.

Die folgende Formel mit ihren sechs Punkten halte ich nach 30 Jahren eigener Erfahrung mit Theorie und Praxis in Sachen Elternarbeit für den Schlüssel zum Erfolg: (1) wir beginnen selber – (2) zum richtigen Zeitpunkt – (3) mit unseren Formen – (4) beachten die Voraussetzungen der Eltern – (5) holen uns Rückmeldung – (6) und achten auf Nachhaltigkeit! Was ist gemeint?

(1) Selber den Anfang machen

Wir warten am besten nicht darauf, dass von anderer Seite, z.B. von Eltern oder Elternbeirat, Anstöße zur Elternarbeit kommen, sondern die Erzieherinnen sollten in der Elternarbeit selber die Initiative ergreifen. Sonst kann es schon zu spät sein. Ich plädiere sehr für vorbeugende Elternarbeit. Dabei kann man kaum zu früh beginnen, allerdings sehr leicht zu spät kommen. Es bedarf auch in der Elternarbeit einer gut bedachten, offenen Jahresplanung.

(2) Der richtige Zeitpunkt

Also, wie gesagt, rechtzeitig beginnen. D.h.: nicht erst den ersten Elternabend durchführen, wenn bereits Anfragen gekommen sind, wann denn endlich "mal ein Informationsabend" stattfinde für die Eltern der neuen Kinder; es heißt auch: Gespräche über die Kinder führen, bevor Probleme auftreten, und zwar regelmäßig und mit allen Eltern, besonders denjenigen, wo evtl. Schwierigkeiten zu erwarten sind. Oder: Eine Umfrage durchführen, um Wünsche und Sorgen der Eltern zu erheben. Immer nach dem Motto: Vorbeugen ist besser als Heilen.

(3) Mit unseren Formen

Bei der großen Vielfalt an Formen und Methoden muss der Kindergarten sich die passenden auswählen. Auch das ist lebensbezogen, insofern z.B. das Leben und die Bedingungen von Arbeitereltern andere Formen verlangen, als es bei typisch akademischen Eltern der Fall ist.

(4) Die Voraussetzungen beachten

Auch das klang soeben bereits an: Eltern haben z.B. unterschiedliche Bildungsvoraussetzungen. Das Gleiche gilt für die religiösen und kulturellen Hintergründe, z.B. bei ausländischen Eltern. Solche zu beachtenden Voraussetzungen sind auch Alter und Gesundheit von Eltern – und dann überhaupt die Bedürfnisse. Manche Erzieherinnen planen in der Elternarbeit Dinge, die die Eltern gar nicht brauchen, und wundern sich dann, dass ihre Angebote, z.B. an Elternabenden, keine Akzeptanz finden und die Eltern einfach nicht kommen. Lebensbezogen ist eine Elternarbeit u.a. dann, wenn sie die Lebensbedürfnisse der Eltern beachtet, d.h. u.a. ihre anthropogenen Voraussetzungen.

(5) Rückmeldung einholen

Rückmeldung holen wir uns dann, wenn wir es machen, wie der gute Gastwirt, indem dieser fragt, ob es uns geschmeckt hat. So sollten wir z.B. am Ende des Elternabends in den letzten fünf Minuten drei Fragen schriftlich beantworten lassen – vorausgesetzt die Bedingungen der Eltern lassen dieses zu - : Was fanden sie gut an diesem Elternabend? Was fanden Sie nicht gut? Was schlagen Sie vor? Oder: Die schriftliche Einladung enthält einen Rückmeldezettel zum Abtrennen: Ich nehme am Elternabend teil etc. So motiviert man mehr Eltern und weiß obendrein auch noch ungefähr, wie viel Eltern wirklich zu erwarten sind.

(6) Nachhaltigkeit

Dieser Punkt bezieht sich auf die Frage, ob die Elternarbeit überhaupt etwas bewirkt. Sicherlich nicht leicht zu prüfen. Dennoch sollte man sich diese Frage stellen.

Es gibt durchaus sichtbare Indikatoren der Nachhaltigkeit. Wenn z.B. eine erfreuliche Anzahl von Eltern einer Einladung folgen; wenn ich Eltern motivieren konnte, die sich sonst nie beteiligen und nie gekommen sind. Wenn viele Kinder oder gar bestimmte Kinder einen guten Schulerfolg erzielt haben; wenn Geschwisterkinder auch in „unserem" Kindergarten angemeldet werden. Die Einrichtungen sollten sich selber Kriterien der Nachhaltigkeit und des Erfolges zusammenstellen.

Diese Kriterien sind bei allen Formen, Methoden und Inhalten zu berücksichtigen. Die gemeinsame Arbeit erfolgt in einem partnerschaftlichen Geist. Erzieher/innen belehren nicht Eltern und umgekehrt. Gemeinsam wird an einer Problematik gearbeitet und nach Lösungen gesucht. Dabei wird man sich mit lebensbezogenen Inhalten befassen, z.B. mit Fragen wie Umwelterziehung, gesunde Ernährung, Fernsehen, neue Medien – Spielen und New Games – Kindergarten, Familie und Eine-Welt – veränderte Öffnungszeiten und Bedürfnisse der Kinder – Bildungsziele in heutiger Zeit – Schulfähigkeit und Zusammenarbeit mit der Schule etc.

Auch das methodische Vorgehen ist bei der Zusammenarbeit mit den Eltern in der lebensbezogenen Arbeit nicht beliebig. Handlungsbezogene und aktivierende, besonders auch integrierende Verfahren haben Vorrang vor informierenden, um nicht zu sagen: belehrenden.

4.3 Schule ist Leben - Kooperation mit der Schule

Im Lebensbezogenen Ansatz sind wir sehr an der Schule interessiert und nehmen bei aller Überzeugung, dass frühe Kindheit Gegenwart bedeutet und freudvoll sein soll – die Zukunft des Kindes ernst und in den Blick. Auch das Leben des Kindes in seinem zeitlichen Verlauf sehen wir partial-holistisch, wobei deutlich wird, dass die Kindergartenzeit nur ein Teil des ganzen Lebens des Kindes ist.

Wenn wir es so sehen, richtet sich unser Blick ganz von selbst in ausreichendem Maße auf die Zukunft des Kindes und damit auf die Grundschule sowie Einschulung und die damit verbundene Schulfähigkeit. Wir müssen uns darum bemühen, dass das Kind auf die nächste Phase seines Lebens, die Schulzeit, gut vorbereitet wird. Lebensbezogene Erziehung und Bildung richten ihren Blick insgesamt besonders auch in die Zukunft. Dafür tragen wir Verantwortung. Insofern liegt nichts näher, als dass man Kindergartenarbeit mit der Schule und den dort tätigen Personen vernetzen muss.

Die Schule wird im Lebensbezogenen Ansatz insgesamt als etwas Erfreuliches betrachtet. Beim Verhältnis von Kindergarten und Schule täte an vielen Stellen etwas mehr Entspannung gut. Ich sehe hier Schule von ihrer positiven Seite her und glaube, dass sich Schule und Kindergarten viel geben und sich gegenseitig gut inspirieren und bereichern können. Was sollte denn schlecht daran sein, wenn der Kindergarten von der Arbeit einer guten Schule etwas übernähme. Die Kindergartenpädagogik sollte sich insgesamt viel stärker um die Schule und das, was dort vor sich geht – und was dort erwartet wird, kümmern. Davon kann man viel profitieren.

Allerdings umgekehrt genauso: Schulpädagogik, Lehrerinnen und Lehrer, haben allgemein ein unzutreffendes Bild vom Kindergarten, und: sie haben falsche Erwartungen. Die Erwartungen von schulischer Seite an den Kindergarten lassen sich verkürzt auf die Formel bringen: Die Kinder sollten stillsitzen können und aufnahmebereit sein. Wissen sollen sie möglichst noch nichts. – Ein Kind aus einem lebens-bezognen Kindergarten es verfügt durch seine dreijährige Bildung im Kindergarten sowie die dort gemachten Erfahrungen auch über viel Wissen. Es ist ansatzweise sogar wissenschaftlich gebildet, weil sich ihm z. B. auch naturwissenschaftliches Wissen, Chemie, Physik, Biologie vermittelt hat. Das müssen wir Lehrerinnen und Lehrern in der Zusammenarbeit vermitteln.

4.4 Leben im Gemeinwesen

Nicht nur mit Elternhaus und Schule, sondern mit dem Gemeinwesen und seinen Instanzen überhaupt sollte eine lebensbezogen arbeitende Einrichtung sich vernetzen. Das Leben um den Kindergarten herum sollte mit gesehen und einbezogen werden, wo immer es geht: Vereine, Gruppen, Kirchen, Institutionen (Polizei, Feuerwehr, usw.), Geschäfte, Ärzte, etc. Der Lebensbezogene Ansatz wünscht eine mit dem konkreten gesellschaftlichen Leben verbundene und an diesem teilnehmende pädagogische Arbeit. Die Erzieherin wird damit nicht zur Gemeinwesenarbeiterin, aber sie hat das Bewusstsein: Ich arbeite in diesem Gemeinwesen, und wir alle gehören dazu und sind ein wesentlicher Teil dieses Ganzen.

Ausblick

In dieser Schrift wurde der Lebensbezogene Ansatz in seinen wesentlichen Elementen und wichtigsten Facetten dargestellt. Es konnte nicht der gesamte Alltag bis ins Detail unter dem lebensbezogenen Aspekt betrachtet werden, wenngleich dieses möglich wäre. Auf das Feiern von Festen nach dem Lebensbezogenen Ansatz, etwa die Art und Weise, wie der Geburtstag der Kinder gefeiert wird, konnte ich nicht näher eingehen, ebensowenig auf die zunehmende Bedeutung von Ritualen im Alltag der Kinder.

Hier ging es darum, die wesentlichen Linien von lebensbezogener Pädagogik zu zeichnen, innerhalb derer sich die Fachkräfte in der Praxis bewegen sollen und ihren Spielraum brauchen. An den Werten und Zielen, die sich hier einleuchtend aufzeigten, darf nichts vorbei führen – die praktischen Ausgestaltungen können jedoch durchaus differieren. Auch an den echten Bedürfnissen und der Sorge um das gelingende Leben der Kinder führt nichts vorbei.

Wo der Lebensbezogene Ansatz versucht und umgesetzt wurde – und das ist seit über 10 Jahren in zahlreichen Einrichtungen der Fall -, geschah dies nach meiner Kenntnis erfolgreich, allerdings in unterschiedlichen Abstufungen und Gütegraden. Ich freue mich über jede – auch ansatzweise – Umsetzung, da die Vision von allseitiger und weltweiter Qualität des menschlichen Lebens damit ein Stückchen mehr Wirklichkeit wird – und wenn es auch nur irgendwo für ein einziges Kind auf der Welt etwas mehr Frieden, Solidarität, Natürlichkeit, Freude usw. ist. Lebensbezogene Arbeit ist freudvolle Kleinstarbeit an einem Weltprojekt, für das es unzähliger kleiner und kleinster Aktivitäten bedarf.

Im Lebensbezogenen Ansatz brauchen wir nicht den Perfektionisten, sondern denjenigen, der an seinem noch so kleinen und scheinbar unbedeutsamen Platz sein Steinchen ins Mosaik der großen Vision setzt.

Eine Arbeit nach dem Lebensbezogenen Ansatz kann auch, so meine These, den Anforderungen einer modernen Qualitätsdebatte und Qualitätsentwicklung gut standhalten. Dafür stehen allein schon die Klarheit in der Bildungsfrage, die Deutlichkeit in der vorausschauenden und die Zukunft antizipierenden Planung, das zupackende Engagement der Erzieherin sowie der Mut zur Evaluation. Eine Arbeit nach dem Lebensbezogenen Ansatz und deren Qualitätsevaluation ist gut vereinbar mit den derzeit vorhandenen nationalen und internationalen Kriterienkatalogen um die Qualitätsentwicklung.

Ich wünsche allen Erzieherinnen und Erziehern, die sich für die lebensbezogene Pädagogik interessieren und danach arbeiten möchten, Erfolg und Freude dabei. An Rückmeldungen bin ich sehr interessiert.

Videofilme über den Lebensbezogenen Ansatz können direkt beim Autor oder über den PAIS-Verlag e.V. angefordert werden.

Adresse: Prof. Dr. Norbert Huppertz
              Hauptstr. 49
              79254 Oberried
              Tel.: 07661/4429   Fax: 07661/981420
              Email: huppertz01@ph-freiburg.de

Literaturverzeichnis

Anan, Kobna; Amonde, Omari: Das Lied der bunten Vögel, Licorne-Verlag, Langenau 2002, 6. Aufl.

Hoppe, Hans: Pädagogische Funktion und Implikation des Kinderspiels. In: Kreuzer, K.J., Handbuch der Spielpädagogik. Band 1, Schwann-Verlag, Düsseldorf 1983, S. 169

Huppertz, Norbert (Hg.): Theorie und Forschung in der sozialen Arbeit, Luchterhand-Verlag, Neuwied 1998

Huppertz, Norbert / Schinzler, Engelbert: Grundfragen der Pädagogik, Stam-Verlag, Köln 1998, 10. Aufl.

Reiner Hans: Von den Werten, PAIS-Verlag, Oberried 2001

Wolf, Bernhard / Becker, Petra / Conrad, Susanne (Hg.): Der Situationsansatz in der Evaluation, Verlag Empirische Pädagogik, Landau 1999

Zimmer, Jürgen u.a.: Kindergärten auf dem Prüfstand. Dem Situationsansatz auf der Spur. Kallmeyer'sche Verlagsbuchhandlung, Seelze-Velber 1997

Literatur konkret zum Lebensbezogenen Ansatz

Huppertz, Norbert: Erleben und Bilden im Kindergarten. Der lebensbezogene Ansatz als Modell für die Planung der Arbeit, Herder-Verlag, Freiburg, 5. Aufl. 1995

Huppertz, Norbert (Hg.): Fremdsprachen im Kindergarten, PAIS-Verlag, Oberried 2003

Huppertz, Norbert: Handbuch Waldkindergarten. Konzeption – Methodik – Erfahrungen, PAIS-Verlag Oberried 2004

Huppertz, Norbert / Schinzler, Engelbert: Grundfragen der Pädagogik, Stam-Verlag Köln, 10. Aufl. 1995, S. 116 ff.: Die Didaktik des Kindergartens

Huppertz, Norbert: Wir erstellen eine Konzeption, Anleitungen und Beispiele aus der Kindergartenpraxis, Don-Bosco-Verlag, München 1996

Huppertz, Norbert (Hg.): Konzepte des Kindergartens, PAIS-Verlag, Oberried 2007 (4. Aufl.)

Huppertz, Norbert (Hg.): Kindergärten für Kinder, PAIS-Verlag, Oberried 2004 (2.Aufl.)

Huppertz, Norbert (Hg.): Französisch so früh? – Bilinguale Bildung im Kindergarten, PAIS-Verlag, Oberried 2003 (2. Aufl.)

Huppertz, Norbert: Brauchen wir einen neuen Kindergarten? – Ja, aber einen lebensbezogenen. In: Kindergarten heute 3, 1992, S. 26 ff.

Huppertz, Norbert: Zu Ende denken – Zur Problematik vorschulpädagogischer Ansätze – hier: Der Situationsansatz ist ein großer Fehler. In: Christ und Bildung. Zeitschrift der Katholischen Erziehergemeinschaft Deutschland 3, 1997, S. 4

Huppertz, Norbert: Der Lebensbezogene Ansatz – Eine Pädagogik für den Kindergarten in heutiger Zeit. In: Christ und Bildung. Zeitschrift der Katholischen Erziehergemeinschaft Deutschland 5, 1997, S. 1

Die folgenden im PAIS-Verlag publizierten Schriften bieten u.a. eine Vertiefung des Lebensbezogenen Ansatzes.

Huppertz, N. / Meier-Musahl, R., HORTPÄDAGOGIK. Eine Einführung in Theorie und Praxis, Oberried 1999,
ISBN 3-931992-07-1

Kolodziej, V., Arbeitsrecht für Soziale Fachkräfte, Oberried 2002
ISBN 3-931992-14-4

Huppertz, N. (Hg.), Rechtsextremismus, Rassismus, Fremdenfeindlichkeit – Was tun!? Oberried 2004
ISBN 3-931992-20-9

Huppertz, N. (Hg.), Zu den Sachen selbst. Phänomenologie in Pädagogik und Sozialpädagogik, Oberried 1997,
ISBN 3-931992-03-9

Reiner, Hans; Von den Werten, Oberried 2001; ISBN 3-931 992-13-6

Reiner, H., Der Sinn unseres Daseins, Oberried 2004

ISBN 3-931992 –21-7

Reiner, H., Die naturgegebenen Rechte des Menschen, Oberried 2006 ISBN 3-931992-23-3

Huppertz, N. (Hg.), Konzepte des Kindergartens, Oberried 2003,
ISBN 3-931992-05-5

Huppertz, N. (Hg.), Kindergärten für Kinder, Oberried 2003,
ISBN 3-931992-08-X

Huppertz, N. (Hg.), Französisch so früh? – Bilinguale Bildung im Kindergarten, Oberried 2003,
ISBN 3-931992-09-8

Kolodziej, V., Meine Rechte als Erzieherin, Oberried 2000
ISBN 3-931992-11-X

Scheuring, W.-D., Qualität und Evaluation im Kindergarten – Beispiel Waldkindergarten, Oberried 2000
ISBN 3-931992-12-8

Huppertz, N. (Hg.), Fremdsprachen im Kindergarten
Didaktik – Methodik – Praxis, Oberried 2003
ISBN 3-931992-17-9

Huppertz, N., Handbuch Waldkindergarten. Konzeption – Methodik – Erfahrungen, Oberried 2004
ISBN 3-931992-18-7

Reiner, H., PHILOSOPHIEREN Eine Einleitung in die Philosophie, Oberried 2002
ISBN 3-931992-15-2

Reiner, H., Woher unsere Werte kommen, Oberried 2003
ISBN 3-931992-16-0

Zweisprachiges Bilderbuch

Huppertz, N., Blau, M., FABIAN – und die französischen Kinder - et les enfants francais, Oberried 2005
ISBN3-931992-22-5

Filme:

Huppertz, N.: Der Lebensbezogene Ansatz im Kindergarten – Ein Lehrfilm über Theorie und Praxis. VHS oder DVD; 55 Minuten

Huppertz, N.: Der Lebensbezogene Ansatz in der Praxis. VHS oder DVD 45 Minuten

Huppertz, N.: Bilinguale Bildung – Französisch im Kindergarten. VHS oder DVD; 45 Minuten

Huppertz, N.: Differenzieren in der frühen Fremdsprachenbildung. DVD; 55 Minuten

PAIS-Verlag e.V.
Hauptstr. 49
79254 Oberried
Tel.: 07661/980962
Fax: 07661/981420
bestellung@pais-verlag.de
www.pais-verlag.de